Reino
Centrico
Replanteando el Cristianismo

Paul Clayton Gibbs

h Harris
House
Publishing

Reino Céntrico: Replanteando el Cristianismo
Derechos de Autor ©2024 por Paul Clayton Gibbs

Publicado por Harris House Publishing
harrishousepublishing.com
Arlington, Texas
USA

Este título está disponible en otros formatos
ISBN: 978-1-946369-68-0

Un agradecimiento especial a Brenda Truett y Jamelin Ramon por su trabajo en esta traducción al español

Portada creada por Jodeci Dunick / diseño por Paul Clayton Gibbs

El Bisturí

Esta enseñanza, como un bisturí, corta a través de la falsa lógica que justifica al Cristianismo consumista. Envuelve respuestas frescas en aplicaciones prácticas, y no puede dejarse de ver la imagen optimista que pinta Gibbs de una vida verdaderamente digna de vivir. ¡Que alternativa desafiante a una Cristiandad auto-orientada!

Patrick Hegarty / Pastor Encargado Iglesia Kenmore / Australia

El Plano

¿Será que uno tiene que desaprender antes de aprender? En este estimulante libro, Gibbs nos provee con un plano para replantear y reevaluar nuestros bien establecidos paradigmas, permitiéndonos regresar al diseño original de Dios para nuestras vidas y nuestras iglesias.

Paul Bartlett / Presidente de Estado ACC / Australia

El Motivador

¡Este libro debe ser leído! Me motiva a enfocarme más en avanzar el Reino de Dios y menos en mis propias preferencias y ministerios. Lo estoy leyendo por segunda vez y convirtiéndome en más 'Reino-Céntrico' tanto en mi corazón como en mi cabeza. Tomen su bolígrafo y su resaltador; ¡tenemos trabajo que hacer!

Becca Landers / Líder de Alabanza Iglesia La Vida / USA

El Desafío

Si alguna vez has sentido que tiene que haber más en este camino cristiano, entonces este libro es para ti. Una vez más, la escritura de Gibbs es desafiante, bíblica, y, a veces, graciosísima. Sus preguntas directas requieren pensamiento profundo, ayudándonos a redefinir nuestra relación con Dios.

Carl Walker / Fundador Retiro En Gedi / USA

La Perspectiva

Este libro entrega una valiosa perspectiva sobre las raíces originales de nuestra fe y de la Iglesia. Nos aleja de una forma de fe occidental hacia un modus operandi del primer siglo, permitiéndonos ser ágiles, vibrantes y enfocados en discipular a las naciones.

Ian Green / Presidente de Kingdomize Global / RU

El Camino

Reino Céntrico provee un camino hacia la reforma que nuestras iglesias necesitan desesperadamente. No debemos simplemente leerlo; debe ser estudiado y comprendido, compartido y puesto en acción. Realmente es así de importantet.

Carol Prater / Co-Pastor Iglesia New Hope / Australia

La Opción

Gibbs presenta la opción entre los dos modelos de Cristianismo y las articula hábilmente desde el punto de vista del reino de Dios. Preguntas penetrantes nos impulsan a escoger como podemos también caminar hacia el Padre.

Elaine Sweeney / Enfermera Parroquial / RU

La Lógica

Este libro debe estar en toda lista de lectura requerida para el cristiano. Escrito en el estilo práctico del autor. Es una lectura deleitable, y estoy en completo acuerdo con la lógica y la dirección de la perspectiva Reino-Céntrica. ¡Definitivamente cinco estrellas!

James Burgess | Técnico de Aeronave | USA

La Guía

Como hombre de familia, acoger los principios Reino-Céntricos me ha guiado a ser el esposo y el padre que fuí criado para ser. ¡Sus herramientas han sido instrumentales en re-enfocarme sobre los deseos del corazón de Dios, y no sólo las bendiciones de sus manos!

Manuel Delgado / Asesor de Marketing / Islas Faroe

El Innovador

Disfruto de las escrituras concisas de Gibbs, y este libro entrega perspectivas innovadoras para aquellos que están transicionando de ser meros receptores a ser avanzadores del Reino. Hallé de especial afirmación los capítulos sobre la Iglesia y el Llamado.

Michael Simmonds / Maestro / Dinamarca

El Exámen del Corazón

Si te sientes atascado, sin fruto, o preocupado de que no has comprendido, este libro te desafiará desde un lugar de amor, sin juzgarte. Se trata del corazón. ¡Debe leerse!

Sophie O'Connor / Gerente de Sistemas Premier League Football /RU

La Transformación

¿Qué pasaría si verdaderamente pusiéramos al Reino de Dios como nuestra preocupación principal? Esta enseñanza nos hace pensar y nos anima a embarcarnos en un camino de transformación espiritual. Un camino que nos cambiará de tal manera que el mundo sabrá que verdaderamente somos discípulos de Jesús.

Ruven Dominik / Institución Financiera Global / Suiza

Para aquellos que saben que lo podemos hacer mejor.

Reino Céntrico

Replanteando el Cristianismo

¿Qué tan Reino-Céntrico eres? Toma la prueba:

01 | Religion

Ligare

Busca

Me convertí al Cristianismo en una carpa a la edad de 13 años.

Nací con eczema, había vivido con la irritante condición de la piel toda mi vida, pero se había convertido en séptica y dolorosamente debilitante para cuando llegué a la adolescencia. La condición era tan mala que tenía que sumergirme en una bañera cuando se cambiaban mis vendajes para que no se me pelara la piel. Los especialistas le habían dicho a mi madre, una enfermera, que el tratamiento para reducir la infección tardaría por lo menos nueve meses. Esto significó muchas lociones, lámparas de sol, y la ocasional botella de cerveza Guinness, lo cual ella estaba convencida me haría bien.

En ese tiempo, se anunciaba una campaña en carpa de una semana en nuestra zona, y algunos jóvenes adolescentes de mi escuela asistían cada noche. Al igual que yo, ninguno de mis compañeros de escuela eran particularmente religiosos, y sin embargo cada mañana, llegaban a clase compartiendo lo que habías experimentado. Se burlaban de las personas a las que habían visto cantar himnos y alzar sus manos en alabanza, pero también compartían historias extrañas de personas que habían sido sanadas de varias condiciones físicas. En el último día del evento, un compañero dijo,

"¡Paul, tú deberías ir, porque eres un poco como un paralítico!"

Así que fuí. Y así pasó. Por primera vez en mi vida, escuché el evangelio. No lo comprendí enteramente, pero de alguna manera supe que era verdad. Al final del mensaje, tomé la oportunidad de responder repitiendo una oración. Después de esto, el evangelista invitó a los que habían orado a poner su mano en el aire. Pensé que esto era extraño, pero cautelosamente levanté mi mano. Entonces él pidió que los que habían levantado la mano se pusieran de pie. Decidí hacer esta última cosa y nada más. Pero entonces, hizo un pedido aún más grande: "Si te has levantado, ¿podrías por favor caminar hacia atrás del escenario donde alguien compartirá contigo los siguientes pasos?"

¡De ninguna manera! Esto ya era un poco demasiado para mi.

Ya era suficiente.

Sin embargo, en ese momento, una rubiecita bonita a la que había estado mirando durante la reunión respondió, y de repente, sentí que Dios 'me llamó' a pasar adelante también. Aparentemente Dios sí obra (no es cierto) en maneras misteriosas. Pero no me había dado cuenta de que si pasaba al frente, me iba a perder la parte de la reunión donde se sanaban a los enfermos. Para cuando terminé de dar mi vida a Jesús, la reunión había terminado, y en vez de recibir oración para sanidad, fui invitado a asistir a la iglesia, que otra vez proponía la pregunta:

¿Estaba yo preparado para tomar ese próximo paso?

Lo estaba, y durante la primera reunión de jóvenes a la que asistí, oí aún otro mensaje acerca de tomar acción sobre algo que no entendía por completo:

"Más bien, busquen primeramente el reino de Dios y su justicia, entonces todas estas cosas les serán añadidas."[1]

Me dijeron que yo no necesitaba un sacerdote para interceder por mí, sino que podía buscar a Dios orando directamente a Él. Así que, esa noche, me arrodillé al lado de mi cama y le pedí que me sanara. ¡Nueve días más tarde, no solamente había desaparecido la infección séptica, sino que también había desaparecido mi eczema! Nunca he vuelto a sufrir de eso desde ese día.

Me dí cuenta de que esto era tanto buenas como malas noticias.

Las buenas noticias son que Dios es real, la Biblia es verdad, y el cielo es una realidad. Las malas noticias son que el diablo es real, la Biblia es verdad, y el infierno es una realidad. Yo sabía que tenía que contarle a las personas lo que había experimentado, que seguir a Cristo es un asunto de vida y muerte.

Por supuesto 'seguir a Cristo' implica movernos en una dirección específica. La noche en que creí por primera vez siguió un modelo que ha continuado durante toda mi camino cristiano: Dios me muestra sólo lo suficiente para tomar el próximo paso, pero siempre hay más por venir. A veces eso está escondido al principio. Algo un poco complicado, un poco extraño. Un desafío más significante pero con un resultado mayor que sólo puede ser descubierto *en tanto siga caminando hacia adelante.*

¿Pero cómo sé si la dirección en la que estoy yendo es la dirección que Jesús tenía en mente?

El descubrimiento de la visión de Dios para nuestras vidas ocurre principalmente en una conversación incómoda con Dios, que comienza cuando Él hace algo para llamarnos la atención y luego nos hace una pregunta difícil. Mi eczema me llamó la atención, pero fue la primera pregunta incómoda, *"¿Seguirás a Jesús?"* que inicialmente me hizo mover en la dirección correcta. A medida que continuamos preguntándole a Él preguntas incómodas y permitiendo que Él nos las pregunte a nosotros, Su dirección se hace más precisa y refinada a medida que pasa el tiempo. Sin embargo, si dejamos de buscar nuevas respuestas o de escuchar Sus preguntas, nuestra visión puede estancarse y podemos perder Sus propósitos.

¡Este libro es para aquellos que quieren seguir caminando hacia adelante!

Contiene detalles de las conversación más extraña que he tenido con Dios. Una que comenzó con una pregunta que me tomó totalmente por sorpresa y una respuesta que me está cambiando de maneras que nunca me podría haber imaginado.

Hoy quiero invitarte a esa extraña conversación.

Desconexión

Nunca me voy a olvidar cómo comenzó.

Fue inesperado y un poco confuso, e inicialmente no presté atención. Yo estaba en una reunión discutiendo un plan u oportunidad con los líderes de una de las iglesias a las cuales había emigrado de Inglaterra para servir. Mientras admiraba el moderno salón de conferencias con sus bellos ventanales y caros muebles, me recliné en mi suave silla reclinable cuando de repente vino a mi mente una pregunta que nunca se me había ocurrido. . .

"¿Es esta una religión diferente?"

Aunque el pensamiento me tomó de sorpresa, no era la primera vez que sentí que no "encajaba" cuando estaba discutiendo la obra de Dios con otros cristianos. Por lo tanto, lo que vino a mi mente no se trataba tanto de las personas en el salón sino que era una culminación de preguntas que se habían acumulado a través del tiempo y de repente estaban tomando enfoque.

¿Alguna vez has sentido una desconexión similar?

Sorprendentemente, no existe un consenso erudito en cuanto a qué constituye una religión; los historiadores han luchado para ponerse de acuerdo con la definición de la palabra.[2] Así que, para el propósito de nuestra conversación, quiero agregar la mía. El origen de la palabra 'religión' viene del latín *'ligare'* que significa 'ligar.' De allí proviene nuestra palabra *'ligamento'*, una banda de tejido que conecta huesos, coyunturas, u órganos. Por esta razón , yo defino religión de esta manera:

'La manera en que nos conectamos con Dios.'

Jesús tenía un problema con la religión, pero no es lo que tú piensas. Su problema era con los que enseñaban religión, no con la religión en sí. Él criticó los motivos del liderazgo de los fariseos pero les dijo a sus discípulos que siguieran sus enseñanzas religiosas.[3] Él también convenció a las multitudes que Él no había venido a alterar las leyes religiosas sino a completarlas.

"No piensen que he venido a anular la Ley de los Profetas; no he venido a anularlos, sino a darles cumplimiento."[4]

Yo entiendo porqué, como cristianos, podemos tener vergüenza de ser vistos como religiosos, La religión puede ser divisiva, y muchos intentos malvados han usado a la religión para lograr sus deseos. Tristemente, sin embargo, nos vemos motivados a decir cosas extrañas como:

"El Cristianismo no es una *religión*; es una *relación*."

Lo siento, pero me temo que sí *es* una religión.

Quizás sería mejor decir: *"¡El Cristianismo no parece una religión, sino más bien una relación!"* O algo parecido. El punto es que la preocupación de Jesús no era que sus seguidores fueran religiosos, sino que su religión no estaba dirigida hacia *el propósito intencionado de Jesús*.

Me hace preguntar: ¿Cuál es el propósito intencionado de Jesús para nuestra religión?

Algo acerca de la intención de las decisiones que estábamos tomando en ese salón de conferencias de la iglesia me confundía, pero no podía descifrar qué era. No tenía duda de que todos con los que yo colaboraba conocían y amaban mucho a Jesús. Sin embargo muchos de los planes que se hacían me parecían extraños, y me imagino que muchos de los míos también les parecían extraños a ellos. A veces, parecía que nuestros motivos no encajaban. Ocasionalmente, me decían que el problema era que yo era británico y aún no entendía la cultura americana. Estoy seguro de que había algo de cierto en eso; sin embargo, mientras hacíamos chistes acerca de las diferencias en nuestros acentos, a veces, se sentía como que estábamos hablando dos idiomas completamente diferentes.

Luego, un día empecé a darme cuenta por qué.

Alrededor de ese tiempo, le compramos a nuestro hijo un viejo Xbox, y el siguiente pensamiento pasó por mi mente. ¿Qué pasaría si él descubriera un juego fantástico y le llevaba el disco a su amigo, animándolo a probarlo? Su amigo, orgulloso dueño de un PlayStation (una máquina que se ve similar pero es muy diferente), pondría el disco en su máquina y oprimiría "jugar, " pero no ocurriría nada. Entonces, un poco confundido, el amigo rechazaría el juego y se lo devolvería a mi hijo. En este caso, ¿el problema sería el juego que mi hijo le dió?

No. El problema sería que tienen dos operadores de sistemas diferentes.

¿Era ése mi problema? ¿Estaba mi religión basada en otro sistema de operaciones? De la misma manera que las dos máquinas de juegos leían el disco de diferente manera, ¿estábamos nosotros leyendo el mensaje de Jesús de maneras diferentes? ¿Eran las diferencias en las decisiones que estábamos tomando una respuesta a dos maneras diferentes de conectarnos a Dios?

Creo que lo eran.

He pasado por una transformación espiritual desde que me convertí en cristiano. La religión que tenía cuando creí en el comienzo está siendo reemplazada con un nuevo entendimiento de los que quiere decir seguir a Jesús y ese 'replanteo' de mi Cristianismo está en conflicto con el que estaba experimentando en ese momento. De hecho, sólo recientemente he hallado el lenguaje para entender y comunicar los dos sistemas de operaciones. Entonces, antes de desempacarlos, quiero compartir ese lenguaje contigo.

Mi definición de las dos religiones gira sobre lo que estamos buscando:

Cristiano-céntrico: *Buscamos nuestra visión, de acuerdo al camino de Dios, para que Él nos dé lo que queremos.*

Reino-céntrico: *Buscamos el Reino de Dios, de acuerdo al camino de Dios, para que le demos a Él lo que Él quiere.*

La diferencia entre estas dos perspectivas formarán nuestra relación con Dios. ¡Convertirnos a una vida más Reino-céntrica impactará dramáticamente como nos relacionamos con el Padre, y más importante aún, como el Padre se relacionará con nosotros! Por lo tanto, te invito a replantear tu Cristianismo, conectándote con Él desde una perspectiva cada vez más Reino-céntrica. Sin embargo, antes de poder desempacar cómo podemos hacer eso, es esencial recordar lo siguiente:

Los dos Cristianismos son Cristianismo

Los dos nos dirigen al cielo.

Los dos están fundados sobre la salvación a través de Jesucristo.

Sin embargo, uno de ellos hace que nuestra religión se trate básicamente de nosotros mismos, mientras que el otro nos dirige al *propósito intencionado de Dios* para nuestra religión.

Entonces, aquí está mi primera pregunta incómoda para ti:

¿Cuáles de estas dos *religiones* estás siguiendo?

Primeramente, déjame recalcar que el ser más uno que el otro no es cuestión de cuánto Dios nos ama sino cuánto nosotros amamos a Dios. No te animo a ser Reino-céntrico para que de alguna manera obtengas más del amor de Dios para ti, sino en vez, para que tú puedas dirigir mejor tu amor por Él.

En segundo lugar, este no es un llamado a escoger lados. No es uno en contra del otro sino un llamado a ir más allá de uno hacia el otro. ¡No es que una religión cristiano-céntrica sea mala, sino que podemos mejorar!

En tercer lugar, no somos o cristiano-céntrico o Reino-céntrico sino un porcentaje de ambos; por lo tanto, este replanteo de nuestra religión no tiene como fin ponernos una etiqueta o crearnos una caja. En vez, es para ayudarnos en nuestra contínua búsqueda de una relación que agrada al Padre, uno que cumple su propósito y refleja el tipo de Cristianismo que Él quiere.

La obra de Dios rara vez ocurre instantáneamente y debe ser 'llevada a cabo.'

> *" . . . lleven a cabo su salvación con temor y temblor, pues Dios es quien produce en ustedes tanto el querer como el hacer para su buena voluntad."*[5]

Por lo tanto, en ese libro, voy a referirme a varios 'ejes' sobre los cuales tú puedes asesorar cuan cristiano o Reino-céntrico eres. De esta manera, espero que juntos podamos tomar las decisiones que nos moverán hacia el verdadero propósito de Dios para nuestra religión, porque, como verás, la verdad es clave.

Jesús dijo:

> *"Pero se acerca la hora, y ha llegado ya, en que los verdaderos adoradores rendirán culto al Padre en espíritu y en verdad, porque así quiere el Padre que sean los que le adoren"*[6]

Me sorprende bastante que Jesús no se estaba refiriendo a los incrédulos, y por lo tanto, ¡infiere que hay una clase de adorador al que el Padre *no* está buscando! La 'clase equivocada' de adorador es de alguna manera una 'clase' de una manera incorrecta.

Entonces, ¿cómo se vería eso, y cuál es la alternativa?

Cristiano

Pregunta: *¿Cuándo podríamos no captar el punto de Jesús?*

Respuesta: *Cuando no vemos Su contexto.*

Al igual que tú, yo soy positivamente influenciado por las acciones y los puntos de vista de mis creyentes compañeros, pero no todo lo que oigo se aliña con lo que Jesús dijo e hizo.

¿Es igual para ti?

A través de los años, he sentido un poco de conflicto entre el Cristianismo que se me enseña y el que leo en la Biblia. Por lo tanto, quiero basar mis acciones sobre las de Jesús en vez de una versión de segunda mano que puedo ver en otros o una narración de lo que me dicen que Jesús quiso decir. Esto me ha animado a hacer más preguntas acerca del contexto en que Cristo habló, y a medida que lo he hecho, me he dado cuenta de que casi todo lo que Cristo dijo... se lo dijo a creyentes.

No encontramos a Jesús tratando de convencer a incrédulos que hay un Dios.

El nunca apunta al viento y les dice, *"¡No lo puedes ver, pero puedes sentir su efecto!"* o alguna otra perla apologética que nos gusta usar. Casi todos a los que predicó ya eran creyentes. Por lo tanto, todos los pasajes que usamos para comunicar el Evangelio a incrédulos fueron dichos inicialmente para enseñar a creyentes algo que aún no habían comprendido del *propósito intencionado* de su religión.

Interesantemente, algunos de los pasajes evangelísticos que usan los cristianos para alcanzar a los incrédulos fueron dichos a seguidores comprometidos de Jesús, aquellos que estaban verdaderamente siguiéndolo, aquellos a los que me referiré como peregrinos.

Su declaración definitiva . . . *"Yo soy el camino, la verdad y la vida,- contestó Jesús. - Nadie viene al padre sino por mi."*[7] . . .viene de una conversación, a veces incómoda, con Su círculo íntimo, incluyendo a Tomás, Felipe, y Judas.

El mantra de todo evangelista y muchos aficionados al deporte . . . *"Porque tanto amó Dios al mundo que dio a su Hijo único, para que todo el que cree en él no se pierda, sino que tenga vida eterna"*[8] . . .fue la respuesta de Jesús a un comprometido pero confundido Nicodemo, un adorador judío, dedicado a Dios.

Similarmente, ¡la más profunda declaración que Jesús hizo acerca de la clase de adoradores que estaba buscando, fue hecha a aquellos que estaban tan interesados en lo que Él tenía que decir que lo siguieron a la cima de un monte para oírlo!

> *"Así que no se preocupen diciendo: ¿Qué comeremos?', o ¿Qué beberemos' o ¿Con qué nos vestiremos?' Los paganos andan tras todas estas cosas, pero su Padre celestial sabe que ustedes las necesitan. Más bien, busquen primeramente el reino de Dios y su justicia, entonces todas estas cosas les serán añadidas."*[9]

Ocurre que la respuesta a la pregunta, *"¿Es esta una religión diferente?"* estaba escondida dentro del primer pasaje de escritura que había aprendido en la iglesia. Significativamente, en el Sermón del Monte, Jesús resaltó los dos sistemas operativos comparando la religión de los judíos a la de los paganos.

Entonces, ¿quiénes eran estos paganos?

Por muchos años, yo creí que representaban a aquellos que ignoraban a Dios o a las cosas santas y buscaban satisfacción en posesiones terrenales. Jesús había dicho, *"Los paganos andan tras todas estas cosas,"* infiriendo que nosotros no deberíamos hacerlo. Pero, ¿quiso simplemente decir que no deberíamos buscar satisfacción en las posesiones terrenales? ¿O es que nos quería decir algo mucho más profundo?

Tanto paganos como peregrinos estaban en una búsqueda religiosa, pero la religión del pagano quería decir que ellos buscaban dirección divina a través de un proceso de sacrificio y 'oráculos.'[10] Su sacrificio les permitiría pedir dirección o bendición para sus vidas a los dioses. Quizás estaban considerando un cambio de profesión:

> "¿Me diría Apolo si me bendecirá en esta empresa?"

O quizás, como en un caso famoso, el pedido sería acerca de una campaña militar:

> "¿Debo ir a la guerra, y si debo hacerlo, me darán victoria los dioses?"

Las respuestas podían ser ambiguas. En el caso de Creso, Rey de Lidia, quien estaba considerando hacer guerra contra Persia, él le preguntó al oráculo de

Apolo si sería o no victorioso. Eventualmente, se le dió una respuesta

"Una nación caerá."[11]

Lo cual, como podrás imaginarte, no fue de mucha ayuda.

Entonces, ¿Jesús quiso decir que los paganos ejercían mucho tiempo, energía, y esfuerzo para obtener una palabra ambigua de su dios, mientras que los judíos tenían un libro lleno de sabiduría al que podían consultar? No. ¡Aquellos a quienes Él hablaba ya entendían eso! En vez de eso, la preocupación de Jesús era que el propósito de los judíos no parecía diferente a la de los paganos; ¡estaban buscando todo lo que el resto del mundo quería pero creían que su DIos era el que se los podía conseguir!

Jesús estaba recalcando que lo que debiera separar a los peregrinos de los paganos eran las preguntas que hacían:

Pagano: "Señor, si hago esto, ¿me vas a bendecir?"

Peregrino: "Señor, ¿qué estás haciendo, y cómo puedo bendecirte a Ti?

Los paganos usaban a sus dioses para buscar cosas terrenales, y ser cristiano-céntrico es hacer lo mismo. Significa buscar todo lo que el mundo busca pero siguiendo al Padre porque, al hacer esto, creemos que Él nos lo dará. Por otro lado, ser Reino-céntrico es priorizar lo que Dios desea para que nosotros podamos cumplir Sus propósitos.

Entonces, ¿cómo eres tú? ¿Cuál de los dos cristianismos mejor describe tu conexión con Dios? ¿La principal intención de tu religión es darle a Él lo que Él quiere, u obtener de Él lo que tu crees que Él quiere darte?

¿Un poco de ambos?

Al comparar a Sus peregrinos con los paganos, Jesús resaltó que siempre han habido dos maneras de seguir a Dios, y quizás siempre lo haya. Son anteriores al Protestantismo y el Catolicismo, Arminianismo y Calvinismo, Dispensacionalismo y Convenialismo; son anteriores a la mayoría de los *ismos*. Las dos versiones del Judaísmo, el que Jesús *vió*, y el que Jesús *quería* eventualmente llevaron a dos Cristianismos diferentes. Entonces, ¿dónde estás tú en tu camino, y cómo puedes avanzar?

Reino

Pregunta: *¿Cómo avanzamos?*

Respuesta: *Un paso a la vez.*

Ser Reino-céntrico no es una sóla decisión.

Es como dar a Dios un billete de $100. Le damos el billete, y Él nos lo devuelve en 10.000 centavos. Ocasionalmente, Él nos pedirá uno de esos centavos que ya le habíamos dedicado. Cada pedido de un centavo representa una decisión. ¡Es una oportunidad - no para considerar *si* lo debiéramos dar sino de reconsiderar *por qué* lo estamos dando!

En ese camino de 10.000 centavos, he comenzado a comprender lo siguiente:

Primero, un *proceso* continuo.

Jesús no arregló el problema instantáneamente. Tristemente, la forma de Judaísmo 'judío-céntrica' ya se había convertido en la forma de Cristianismo 'cristiano-céntrica' para cuando Pablo escribió a los santos en Filipos:

> *"Pues todos los demás buscan sus propios intereses y no los de Jesucristo."* [12]

El problema todavía se ve en todo el Cristianismo, y la forma cristiano-céntrica de Cristianismo está tomando auge. Hay una lista sinfín de libros, podcasts, y blogs cristianos que promueven la búsqueda de nuestra visión, de la manera de Dios, para que Él nos dé lo que queremos. Las versiones más extremas se enfocan en vivir nuestra mejor vida ahora e implican que el único propósito de Jesús es mejorar nuestro tiempo en la tierra. Para avanzar, debemos continuar haciendo y recibiendo preguntas incómodas. Con esto en mente, durante el resto de este libro, voy a guiarnos a través de nueve elementos de nuestra fe, proveyendo una pregunta eje, las señales de una religión cristiano-céntrica, y los pasos que podemos tomar hacia una Reino-céntrica.

En segundo lugar, es una *posibilidad* continua.

Puede ser que tú estás luchando en este momento con los elementos básicos de tu fe, y ser Reino-céntrico puede parecer una meta muy lejana. Pero no lo es, te lo prometo. Cuando Jesús nos llama a buscar Su Reino primero,

Él sabe que lo podemos hacer, y Él sabe que toma tiempo. De hecho, en esta búsqueda para replantear tu Cristianismo, puedes hallar la solución a algunas de tus luchas.

Por lo tanto, puede ser una buena idea preguntar: *¿Qué tan Reino-céntrico soy?* Y con ese propósito he creado una corta autoevaluación. Esta simple herramienta no es definitiva pero servirá para empezar. Encontrarás el enlace en la guía al final de este capítulo. También puedes retomar la prueba al final del libro para ver cómo has cambiado.

En tercer lugar, contiene una *promesa* continua.

Jesús dijo que *si* buscamos primero el reino de Dios, Él nos dará todo lo que necesitamos, lo que infiere que si no lo hacemos, puede ser que Él no lo haga. Hay una clara condición y promesa que puede no ser para aquellos que son cristiano-céntricos. Esto puede ser difícil de entender. Aún así, Jesús, hablando otra vez con creyentes, nos urgió a escuchar Sus palabras, en vez de poner palabras en Su boca, cuando dijo:

> *"Si permanecen en mí y mis palabras permanecen en ustedes, pidan lo que quieran y se les concederá."*[13]

'Si'

Dios te ama, ¡pero Cristo nos implora a escuchar cómo realmente funciona el Reino! Yo le había dado mi vida a Dios, no *después* de ser sanado, sino *antes*. ¡No fue la sanidad que me trajo a Dios, sino el venir a Dios que me trajo sanidad! Y, como verás, Él me trajo a sí mismo para más que mi beneficio personal. De hecho, si cavamos un poco, nos damos cuenta de que el Cristianismo Reino-céntrico no es simplemente creer en Jesús pero también en lo que Jesús cree. No es sólo confiar en Jesús sino también en lo que Él confía. No es sólo desear a Jesús sino también lo que Él desea.

Lo que, por supuesto, nos lleva a preguntarnos:

¿Qué es lo que Jesús quiere? . . .

Resumen

Nuestra religión gira sobre lo que buscamos.

- CC: *Buscamos nuestra visión, de acuerdo al camino camino de Dios, para que Él nos dé lo que nosotros queremos.*
- RC: *Buscamos el Reino de Dios, de acuerdo al camino de Dios, para que le demos a Él lo que Él quiere.*

Tanto cristiano-céntrico como Reino-céntrico son Cristianismo. Consecuentemente, no buscamos ser Reino-céntricos para ganar más del amor de Dios sino para dirigir mejor nuestro amor por Él.

Comenzamos preguntándonos: ¿Cuál de las dos religiones estoy siguiendo?

Reflexión

Considere lo siguiente:

- ¿Siento a veces que no capto el punto?
- ¿Mis preguntas son como las de un pagano o de un peregrino?
- ¿Es mi religión lo que Jesús testificó o lo que Él quiere?

Respuesta

Descargue la guía en kingdom-centric.com para:

- Analizar qué tan Reino-céntrico eres.
- Comenzar una conversación incómoda con Dios.
- Considerar tus motivos para cada uno de los diez temas.

Explora recursos adicionales:

- Libro: *Kingdom Principles: Developing Godly Character*
- Video: Pais Movement YouTube channel, *Kingdom-Centric Series*

02 | Evangelio

Balisea

T'shuva

Con cinco años, mi hijo mayor me enseñó qué es lo que Jesús quiere.

Dios quiere que toda la humanidad se arrepienta.

> *"Esto es bueno y agradable a Dios nuestro Salvador, pues él quiere que todos sean salvos y lleguen a conocer la verdad."*[14]

Sin embargo, la clase de arrepentimiento que Él desea puede no ser lo que nosotros pensamos que sea. Su propósito y beneficios son mucho más profundos e inspiradores de lo que nos hemos imaginado, Comprender esto es esencial, porque el mensaje del evangelio que creemos formará el arrepentimiento que demostremos, el Cristianismo que seguimos, y los resultados que veremos.

Para explicar, quiero compartir lo que aprendí de mi hijo de cinco años.

Un día, regresé a casa del trabajo para encontrar garabatos en marcador permanente rosado sobre la pantalla y la cobertura de mi computadora. Instintivamente, supe que el culpable era Joel; sin embargo, para estar seguro, decidí usar mi voz de papá. Si se ponía a llorar, yo sabría que él era culpable. Así que, con una voz tranquila pero fuerte, llamé:

"¡*Joeeel!* Ven a mi oficina, por favor."

Pasaron unos segundos de silencio, y luego comenzó el lloriqueo, seguido por el llanto y luego sollozos. A medida que él subía las escaleras, su tía Helen, su tía Lisa, y su tía Julie, quienes lo habían estado malcriando en la sala, me llamaron, preguntándome qué iba a hacer. Yo sabía que él las tenía en la palma de su mano. Él estaba aprovechándose de ellas, usando sus grandes ojos azules para clamar . . .

"¡Por favor no me pegues, papá! ¡No me pegues!"

Para cuando llegó a la puerta de mi estudio, estaba en ese completo estado nervioso que atraviesan todos los niños malportados cuando saben que el fin se acerca. Temblando de pies a cabeza, trató de decir las palabras, y continuar repitiendo, "¡lo si... siento, lo si...siento! Al mismo tiempo, yo me estaba poniendo más furioso, le dije que se había portado muy mal, que no era sólo mi computadora, era la computadora de la iglesia... *¡era la computadora de Dios!* Lo amonesté ó, explicándole que las marcas rosadas no se irían nunca, y para demostrarle este hecho, tomé un pedazo de tela y lo pasé por la pantalla.

¡Las marcas rosadas desaparecieron inmediatamente!

Eso me tomó por sorpresa. Lo que pasó después, sin embargo, me dejó anonadado. En un abrir y cerrar de ojos, Joel se transformó de un gran llorón en un festejo. Tiró los brazos en alto, puso una cara de feliz cumpleaños, gritó, "¡Bravo!," se dió vuelta y ¡salió felizmente de mi oficina! "¡Regresa aquí, cielito!" lo llamé. "¡Todavía hiciste algo malo!" su respuesta fue simple: "Sí, papá, ¡pero tú lo borraste todo!" Fue el mejor mensaje de redención que jamás había oído.

Pero la clave era *por qué* se estaba regocijando . . .

Joel no estaba emocionado porque no le iba a pegar. Rara vez usamos castigo físico. Su tristeza, y por ende gozo, vino de otro lugar. Se le había detenido a mi tremendamente activo hijo de jugar abajo con su hermano mientras las tres hermanas de mi esposa le daban todos los gustos. Y ahora, él se dió cuenta de que podía regresar a las cosas *como debieran ser.*

Similarmente, lo que puede detenernos de experimentar el mayor gozo en nuestra conexión con Dios es nuestro limitado entendimiento de la redención. En gran manera esto se debe a la palabra en español 'arrepentirse,' que indica darse vuelta con remordimiento. Sin embargo, el concepto judío de arrepentimiento explica mejor *la intensión y el propósito de Dios* y se entiende mejor en la traducción hebrea:

> *T'shuva:* darse vuelta y regresar'[15]

T'shuva, también escrito *teshuva* o *teshubah,* se deriva de la palabra raíz usada en la oración de arrepentimiento en Lamentaciones:

"Vuélvenos, oh Jehová, a ti, y nos volveremos."[16]

Cuando lo estudiamos, descubrimos que *t'shuva* tiene un significado mucho más profundo que simplemente volver a Dios; implica que también deberíamos volver a lo que Dios pretendía que fuéramos y, específicamente a lo que Dios pretendía que hiciéramos. Sin embargo, nuestro entendimiento moderno del Evangelio parece no tener esta segunda parte.

Nos damos vuelta pero, *¿regresamos?*

¿O simplemente miramos hacia atrás a lo que Cristo ha hecho por nosotros, agradeciéndole por vaciarse por nosotros, pero raramente llenándonos de una visión de lo que Él quiere que hagamos?

Darnos vuelta sin regresar tiene sus problemas. ¿Recuerdas la parábola que Jesús compartió acerca de ser librados de las consecuencias del pecado sino tomar el paso siguiente?

> *"Cuando un espíritu maligno sale de una persona, pasa por lugares secos. Busca dónde quedarse a descansar, pero no encuentra nada. Entonces el espíritu dice, 'voy a volver a la casa de donde salí.' Al llegar se da cuenta de que está desocupada, limpia y ordenada. Entonces va y trae a otros siete espíritus peores que él y se van a vivir allí. Al final, esa persona queda peor de lo que estaba antes. Lo mismo le pasará a esta perversa generación."*[17]

Esto ilustra un caso extremo de darse vuelta pero no *volver.*

Dios te ama encarecidamente. La razón fundamental por la que existes es porque Dios no tenía a alguien *exactamente* como tú, y Él quería a alguien *exactamente* como tú. Pero Él tiene un plan mayor para tu arrepentimiento que simplemente rescatarte de las consecuencias de tu pecado. Tu personalidad y tus talentos son únicos, y Él quiere que se los devuelvas todos a Él; en *ese proceso*, el arrepentimiento te regresará al 'tú' que Él tenía en mente cuando te imaginó por primera vez.

Entonces, ¿cuál es Su propósito mayor para ese plan más fantástico?

Interesantemente, un maestro judío de Judaismo, con quien discutí *t'shuva* hace algún tiempo, firma sus correos electrónicos con esta exhortación:

> *"Tu próxima acción cambiará el mundo - ¡házlo valer!"*[18]

El arrepentimiento verdadero, la clase que Jesús tenía en mente, nos moverá a volver a quien podemos ser y a trabajar para regresar nuestro mundo a como las cosas debieran ser.

Este es el verdadero significado de la palabra *shalom*.

Shalom

Shalom es la palabra hebrea para paz y está conectada con *shaleim*, que quiere decir *completo*.[19] Aunque se usa para 'hola' y 'adiós', implica una bendición mucho más significativa y profunda que un simple saludo. Un erudito lo pone de esta manera:

> "Nosotros lo llamamos paz, pero significa mucho más que la mera paz mental o un cese de fuego entre enemigos. En la Biblia, *shalom* significa prosperidad universal... En otras palabras, Shalom es la manera en que las cosas deberían estar."[20]

Dios quiere que estés completo, pero también quiere alistarse para completar Su plan para nuestro mundo. El *propósito pretendido* de arrepentimiento separa a los dos Cristianismos. Paradójicamente, mientras que el Evangelio cristiano-céntrico prioriza la transformación personal, el Evangelio Reino-céntrico tiene mayor poder para hacer exactamente eso ¡porque alinea nuestras vidas con su plan mayor!

Por lo tanto, nuestra respuesta al Evangelio gira sobre su mensaje:

Cristiano-céntrico: *Cristo vino a rescatarte.*

Reino-céntrico: *Cristo vino a reclutarte.*

Esto me trae a mi segunda pregunta incómoda:

¿Cuál de los dos Evangelios has adoptado?

¿El Evangelio te ha beneficiado sólo a ti, o te ha movido a traer ese mismo beneficio a los que te rodean? Mientras que el Evangelio cristiano-céntrico prioriza la transformación personal, el Evangelio Reino-céntrico requiere que nosotros transformemos nuestro mundo. Dios nos llama a volver a lo que fuimos creados a ser y llevar a otros a hacer lo mismo, ¡y de esta manera, le damos lo que Él quiere! Para elevar nuestro *kavanah* (un concepto que exploraremos pronto), buscamos sentir lo que Él siente por los perdidos a fin de compartir Su Evangelio con la misma pasión que Él tiene por el mundo.

Si quieres buscar primeramente Su Reino, permíteme delinear como tu *t'shuva* puede llevar a Su *shalom* . . .

1. En el principio, Dios creó los cielos y la tierra. Había pureza en el planeta, y la humanidad estaba sin pecado.

2. Luego, al diablo se le permitió influenciar el planeta.[21] Se lo describe como 'el que gobierna los aires'; la palabra griega que se usa aquí en el Nuevo Testamento es *archon* (pronunciado *arcon*).[22] Vemos su impacto en todo nuestro alrededor; es horrible, angustiante, y un intento de destruir muchas vidas, incluyendo a aquellos que tú amas.

3. Sin embargo, cuando nos arrepentimos, nos sometemos al Señorío de Cristo, y recibimos el Reino del Cielo, el diablo pierde parte de su territorio e influencia. Recuerda que el Reino de Dios es *infinito*, mientras que el territorio del diablo es *limitado*. Cuando Dios nos trae de las tinieblas a la luz, el diablo pierde algo; se le es quitado y no puede ser reemplazado.

4. A medida que llevamos a cabo nuestra salvación y nuestros pensamientos y acciones se alinean con las de Él, más del territorio del enemigo desaparece a medida que el Reino crece en nosotros.

5. Lo que ocurre después comienza a cimentar todo. Al igual que las manzanas producen más manzanas y los conejos producen más conejos, los cristianos producen más cristianos. Al seguir a Jesús compartiendo Su Evangelio y trayendo a otros a Él, se multiplica la influencia de la luz sobre las tinieblas, y nuestro testimonio actúa como un catalizador para avanzar Su Reino.

6. Al discipular a esos nuevos creyentes, el Reino crece dentro de ellos, extendiendo el Reino a medida que usan los dones de Dios.

7. Cuando hacen nuevos discípulos, se remueve más del territorio del enemigo, el Reino avanza, y eventualmente, ¡el mundo vuelve a ser lo que debe ser!

Este es el propósito pretendido de Jesús, en las palabras de uno de sus discípulos:

"El hijo de Dios fue enviado precisamente para destruir las obras del diablo."[23]

A medida que más personas vienen bajo el Señorío de Cristo, uniéndose a Su misión, la imagen cambia y el diablo recibirá lo que le espera:

"El juicio de este mundo ha llegado ya y el príncipe de este mundo va a ser expulsado."[24]

En otras palabras:

8. *¡Shalom!*

Un día, toda rodilla se doblará y toda lengua confesará que Jesucristo es Señor, y aunque mi ilustración puede ser simplista, nos ayuda a ver como será restaurado *shalom* si buscamos primero el Reino de Dios.

¿Pero qué exactamente es el Reino de Dios?

Era el tema favorito de Jesús, y se refiere al tema más de 100 veces en los cuatro Evangelios. La mayoría de los cristianos a quienes pregunto pueden definir a la 'Iglesia': "No es un edificio. Es el pueblo de Dios." Sin embargo, sorprendentemente, aquellos a quienes se les invita a explicar el 'el Reino de Dios' a menudo luchan: "¿Es donde vas cuando mueres?" "¿Es la Iglesia?" "¿Es el cielo?" Algunos hasta parecen confundidos por la pregunta.

¿Tú sabes lo que es?

Dependiendo de que Evangelio lees, hallarás o el Reino de Dios o el Reino de los Cielos; son la misma cosa, traducido un poco diferente. La palabra griega que se usa en el Nuevo Testamento es:

Basileia: 'Realeza, reino, gobierno, dominio'

Jesús describió al reino como cerca,[25] aquí,[26] y aún por venir,[27] lo cual parece extraño... ¿Cómo puede estar aquí y también cerca? ¿Cómo puede ser ahora y también aún por venir?

El Reino de Dios no está limitado a un tiempo y un lugar; es *dondequiera*, *quienquiera*, y *cuando sea* que las personas aceptan Su Señorío. Esto se entenderá mejor con la ayuda de otra traducción en español de la Biblia:

"Busquen el reino de Dios por encima de todo lo demás y lleven una vida justa, y él les dará todo lo que necesiten."[28]

Para entender el concepto de buscar primero el Reino, imagínate un lugar familiar - quizás tu comunidad local, escuela, supermercado, fábrica, u oficina. Luego, imagínate que todo en ese lugar está alineado con como son las cosas en el cielo, y todas las personas se han sometido al Señorío de Cristo. ¿Qué imágenes vienen a tu mente cuando piensas en el cumplimiento del mandamiento de Jesús de amarnos los unos a los otros en tu lugar de trabajo? ¿Qué imágenes ves cuando te imaginas Su gracia y misericordia dominando tu vecindario? ¿Qué escenas pasan por tu mente cuando Su nivel de honestidad, integridad, y santidad son duplicados en tu supermercado local o lugar de recreación?

En el Sermón del Monte, Jesús dijo que *si* pones el Reino *por encima de todo*, recibirás la promesa que lo acompaña. Si no lo haces, no lo recibirás.

Entonces, ¿cómo ayuda o impide este propósito el Evangelio que adoptamos?

Rescatado

Pregunta: *¿Cuándo no es el Evangelio el Evangelio?*

Respuesta: *Cuando es sólo la mitad del Evangelio.*

Recientemente, mientras estaba enseñando los conceptos de Reino-céntrico, se me hizo una pregunta interesante. Un delegado quería saber si sería mejor reservar la enseñanza sobre ser Reino-céntrico para cristianos maduros y presentarlo sólo después de que respondieran a un Evangelio cristiano-céntrico más sencillo y ameno. Fue una muy buena pregunta, una que nunca había pensado contestar.

Entonces, antes de desempacar una de las parábolas de Jesús, permíteme compartir una mía:

¿A qué puedo comparar el Reino de Dios? Es como un hombre que sueña con plantar una huerta porque necesita los nutrientes que sólo las manzanas proveen. Así que compra las mejores semillas del más conocido semillero. El hombre contrata a un horticultor profesional para que le diga el lugar más adecuado para plantarlo. Alimenta la semilla con los mejores fertilizantes y se compromete fielmente a un perfecto horario de riego. Después de brotar, crece y se convierte en un árbol fuerte, y en el tiempo apropiado, produce una cosecha. Cuando llega este momento, el hombre está emocionado por cosechar lo que ha sembrado, y al alcanzar las ramas, saca... ¡Una fruta completamente diferente!

¿Por qué?

Porque no puedes producir manzanas de una semilla de naranja.

¡De la misma manera que el hombre trató de producir manzanas plantando por error una semilla de naranja, un Evangelio cristiano-céntrico no va a producir discípulos Reino-céntricos!

El mensaje del Evangelio no es la letra chica al final de las Buenas Nuevas, y aunque la metodología de cebo y cambio puede funcionar dentro de algunos modelos de negocios, ¡no tiene lugar en el Reino de Dios! Desde el comienzo, Jesús dejó claro a sus discípulos en lo que se estaban metiendo, y los discipuló en los principios y las prácticas del Reino. Cuando los envió, fue para declarar el Evangelio Reino-céntrico desde el principio.

> *"Cuando entren en un pueblo y los reciban, coman lo que les sirvan. Sanen a los enfermos que encuentren allí y díganles: 'El reino de Dios está cerca de ustedes'".*[29]

Si has sido criado en una religión cristiano-céntrica, ¿puedo animarte a comenzar tu transformación, adoptando un Evangelio Reino-céntrico? Siempre ha estado a tu disposición a través de la Palabra de Dios. Sin embargo, si ha germinado, crecido, y comenzado a dar fruto depende, no de la semilla, sino de que hayas estado dispuesto a escucharlo. Como un predicador itinerante, veo esto muy claramente. Puedo predicar el mismo mensaje en varios lugares pero ver múltiples niveles de respuesta. Esto es a causa de que lo que se dice es solamente tan transformante como la receptividad de los que oyen.

Jesús explicó esto a través de la parábola del sembrador.[30]

Su historia fue una rendición de una alegoría popular usada comúnmente para describir a cuatro clases de oidores. Otras versiones fueron empleadas por maestros como Gamaliel[31] y Filón de Alejandría.[32] En vez de sus metáforas de peces y utensilios de cocina, Jesús enfatizó la clase de corazón que tenían sus oidores usando un camino, terreno pedregoso, espinos, y buen terreno.

Él explicó el significado a sus discípulos de la siguiente manera:

Primero: *El Camino*

> *"Escuchen ahora lo que significa la parábola del sembrador: Cuando alguien oye la palabra acerca del reino y no la entiende, viene el maligno y arrebata lo que se sembró en su corazón. Esta es la semilla sembrada junto al camino."*

La primera clase de oidor no *percibe* el Reino. Sin entendimiento, y por ende reteniendo sólo conocimiento mental. Su fé de segunda mano es vulnerable a las artimañas del diablo.

Segundo: *El Terreno Pedregoso*

> *"Otra parte cayó en terreno pedregoso, sin mucha tierra. Esas semillas brotaron pronto porque la tierra no era profunda; pero cuando salió el sol, las plantas se marchitaron y por no tener raíz se secaron."*

La segunda clase de oidor no *persigue* el Reino. Desinteresados más allá de los beneficios propios, cuando vienen los desafíos, sienten que el propósito no vale la angustia así que se rinden.

Tercero: *Los Espinos*

> *"Otra parte de las semillas cayó entre espinos que, al crecer, ahogaron las plantas."*

La tercera clase de oidor no *prioriza* el Reino. Al fallar en darle el tiempo y el espacio necesario requerido para perseguir sus disciplinas, su propósito es sofocado por todo lo que trae la vida.

Cuarto: *El Buen Terreno*

> *"Pero las otras semillas cayeron en buen terreno, en el que se dio una cosecha que rindió hasta cien, sesenta y treinta veces más de lo que se había sembrado."*

Finalmente, esta cuarta clase de oidor *promueve* el Reino. Se convierten en discípulos que producen otros discípulos, y al hacerlo, cada vez más le dan a Dios lo que Él quiere.

La historia de los cuatro oidores es el ejemplo perfecto de por qué Jesús usó parábolas. *La Biblia de Estudio NVI* explica: "Las parábolas obligan a los oidores a descubrir la verdad mientras al mismo tiempo ocultandolo de aquellos que son demasiado perezosos o testarudos para buscarla. El hecho que estás leyendo este libro sugiere que te sientes obligado a cultivar su mensaje en tu vida y las vidas de otros. Esto me anima muchísimo porque he dedicado mi vida a convertir a los incrédulos a Cristo , y ahora, a fin de multiplicar lo que puede darle a Dios, mi deseo es también convertir a creyentes a una vida Reino-céntrica.

¡A medida que todos somos transformados, somos transformadores!

Reclutado

Pregunta: *¿Cuándo es el Evangelio las buenas nuevas?*

Answer: *Cuando desata lo bueno en las personas.*

Hace algún tiempo, fui invitado a ser un orador especial en una escuela internado en Europa. La escuela había sido establecida como un ministerio cristiano, que tenía servicios de capilla semanalmente, pero ningún estudiante había tomado la decisión de seguir a Jesús. Pedí permiso para compartir un Evangelio Reino-céntrico en vez de uno cristiano-céntrico, y bondadosamente, el personal me permitió hacerlo.

Usando la Escritura, testimonio, e historias, desempaqué lo siguiente:

"Has preguntado alguna vez, '¿Por qué existo?' La respuesta es muy simple. Tú existes porque nadie exactamente como tú ha existido antes, y Dios quería alguien exactamente como tú. Tú eres amado porque fuiste creado para ser amado. Por supuesto, no todo acerca de ti puede ser amado, ¿verdad? Todos somos imperfectos. En realidad, a menudo necesitamos ser salvos de nosotros mismos. Sin embargo, cuando Jesús vino a morir en la cruz, Él no vino simplemente a rescatarte; vino a reclutarte. Él vino a invitarte a esparcir Su amor. Dios dice que la clase de religión que Él quiere es la clase que cuida de los huérfanos y las viudas en su necesidad y rechaza la maldad en el mundo que nos contamina. Si tú estás preparado para hacer eso, para pedir perdón, dejar tú pecado, y seguir a Cristo, entonces Él te llenará de Su amor para que tú puedas llevar ese amor a otros. ¿Presientes algo así? ¿Una razón mayor por la cual vivir en vez de por ti mismo? Si es así, ¿puedo pedirte que regreses a la persona que Él te creó que fueras y que vivas para avanzar Su Reino?"

¡Cuando invité a responder a los jóvenes, dos tercios se levantaron y le dijeron sí a Jesús, incluyendo a todos los varones! Después una empleada del comedor se acercó a mí y declaró:

"¡Si no lo hubiera visto con mis propios ojos, nunca lo hubiera creído!"

Los jóvenes en ese salón respondieron porque un mensaje cristiano-céntrico les había parecido deshonesto. Parecía ser un camuflaje religioso para el egoísmo que veían en el mensaje que habían oído anteriormente: "Sigan a Dios y Él les dará lo que quieran." Sin embargo, cuando se conectaron los puntos entre sus deseos de tener un sentido de propósito y el llamado de Jesús de destruir las obras del diablo, ese mensaje más auténtico llegó al corazón.

¡Así que, por favor dejen de predicar un Evangelio cristiano-céntrico!

Es demasiado limitado. Poco inspirador. Y, como exploraremos más profundamente en un capítulo más adelante, puede proveer las semillas para una eventual pérdida de fe. Más allá de eso, no traerá el impacto que esperas ver en tu vida y en las personas a tu alrededor. En vez, haz el cambio y adopta el Evangelio Reino-céntrico de Jesús. ¡Al hacerlo, experimentarás una transformación espiritual que nunca lograrás a través de la política, la insurrección, o la reforma social sino a través del replanteamiento de tu fe!

Para ilustrar, permíteme compartir la historia de dos comunidades:

Comunidad Número Uno: *Kenyon Lane*.

Cuando nos casamos, mi esposa y yo decidimos mudarnos a la zona más desfavorecida de Inglaterra.[33] Era el lugar donde estaba la iglesia donde servíamos, y aunque un amigo de la familia ofreció una casa mejor por un precio menor en un vecindario más agradable, escogimos comprar una casa en el vecindario de la iglesia con la esperanza de hacer una diferencia.

Era un lugar de gran necesidad.

Durante los dieciocho años que servimos allí, dos adolescentes fueron asesinados. Uno fue intencionalmente atropellado con un auto a pocos metros de nuestro hogar, y la otra, una joven de dieciséis años, fue quemada viva después de ser torturada por una semana a la vuelta de nuestra casa.[34] En reacción a esto y muchos otros problemas, el gobierno local invirtió millones de euros en nuestra cuadra de cuatro calles como parte de un plan de regeneración. Dieron subvenciones a residentes, construyeron un parque local, incrementaron la seguridad, y mejoraron las residencias.

Según el diario más prominente de la ciudad, simplemente estar al tanto de estas situaciones iba a ayudar al gobierno a resolver el problema de la única manera que lo sabían hacer.

> "[Los oficiales] dicen que la identificación de áreas más pobres mejorará su conocimiento de dónde proveer dinero." [35]

En el libro *Kingdom Pioneering: Fulfill God's Calling*, yo explico cómo el gobierno completamente re-edificó nuestra casa . . . ¡gratuitamente! Y sin embargo, seis años más tarde, derribaron toda la zona porque las cosas se hicieron mucho peores de lo que habían sido antes. Habían removido el problema, pero no injertaron la solución real, y tal como lo predijo Jesús . . .

> *"Luego va y trae a otros siete espíritus más malvados que él y entran a vivir allí"*[36]

El dinero, la política, la caridad, y cualquier otra cosa menos que el Reino es solo una curita.

Comunidad Número Dos: *Dean Street*.

Alrededor del mismo tiempo que el gobierno fracasó en arreglar nuestro vecindario, fuimos invitados a readaptar una iglesia en una comunidad a dos millas de nosotros. Les preguntamos a los policías locales donde estaba la mayor necesidad y nos indicaron un grupo de calles al frente de la iglesia donde pandilleros estaban acosando a los residentes. Los locales pensaron que si permanecían dentro de sus casas, los criminales no los molestarían. En vez, los miembros de las pandillas tocaban a sus puertas, y mientras las familias se escondían en el piso de arriba, los acosadores pasaban la noche mirando sus televisiones, jugando videojuegos y consumiendo la comida de sus cocinas. La gente estaba aterrorizada.

En colaboración con nuestra organización misionera Pais Movement, y otra compañía sin fines de lucro, The Message Trust, reclutamos a personas tan apasionadas por el Reino que se mudaron a la zona para vivir entre los residentes. Algunos alquilaron, algunos compraron casas, y todos vivieron el Evangelio Reino-céntrico. Dentro de un par de años, la zona cambió completamente. Gente vino a Jesús, los jóvenes recibieron propósito, y el proyecto hasta ganó un premio del Centro del Justicia Social por la transformación de la comunidad.

¡El Reino entró al vecindario, y los espíritus malvados salieron!

Aunque pocos de nosotros seremos llamados a mudarnos, un Evangelio Reino-céntrico nos llama no sólo a amar a Dios sino también a aquellos a quienes Él ama . . . aquellos que Él creó.

Entonces, ¿qué puede esto inspirarte a hacer a *ti*?

Responder a este Evangelio puede ser desafiante y requerir sacrificio. ¿No sería maravilloso si hubiera un catalizador original, un tipo de polvo de hadas que se puede espolvorear para que seamos más efectivos y animados para seguir lo que sea que nos llame a hacer el Evangelio Reino-céntrico?

¡Sí existe!

¿Pero, qué es, y cómo lo atraemos?

Resumen

Nuestra respuesta al Evangelio gira sobre su mensaje.

- Cristiano-céntrico: *Jesús vino a rescatarte.*
- Reino-céntrico: *Jesús vino a reclutarte.*

Mientras que el Evangelio cristiano-céntrico prioriza la transformación personal, el Evangelio Reino-céntrico requiere que nosotros transformemos nuestro mundo. Dios nos llama a regresar a ser lo que nos creó para ser y a llevar a otros a hacer lo mismo. De esta manera, le damos a Él lo que Él quiere. Para elevar nuestro *kavanah*, buscamos sentir lo que Dios siente por los perdidos a fin de compartir Su Evangelio con la misma pasión que Él tiene por el mundo.

Comenzamos preguntando, ¿cuál de los dos Evangelios he adoptado?

Reflexión

Considera lo siguiente:

- ¿Qué clase de oidor soy? (de las cuatro clases)
- ¿Cuándo, si lo he hecho, he compartido un evangelio de cebo y cambio?
- ¿Qué ha producido en otros el evangelio que yo he compartido?

Respuesta

Descargue la guia en kingdom-centric.com para:

- Seguir el Evangelio Reino-céntrico
- Priorizar el Evangelio Reino-céntrico
- Promover el Evangelio Reino-céntrico

Explora recursos adicionales:

- Libro: *Shalom: How to Reach Anyone, Anywhere*
- Video: Canal YouTube Pais Movement, *Kingdom-Centric Series*

03 | Justicia

Kavanah

Malo

Me aparté del Señor en una discoteca a los 18 años.

En terminología cristiana 'apartarse' significa retroceder, recaer. Practiqué menos de las disciplinas cristianas que me ayudarían a ser más como Jesús: orar, estudiar la Biblia, ir a la iglesia, etc., y en vez de regresar al Dios que me creó, me convertí en la clase de persona que no quería ser. Todavía me denominaba cristiano, y creía en Dios. Mi fe no había cambiado, pero había dejado de seguir la segunda parte de Su mandamiento:

> "busquen primeramente el reino de Dios *y su justicia* . . ."[37]

La razón fundamental por la que había dejado de buscar la justicia fue que de entrada no la había estado buscando por la razón correcta. Esperé ser justo por una razón diferente al *propósito pretendido* de Dios. La busqué de la manera que los paganos habían buscado sus formas de 'justicia': para ganar las bendiciones de mi Dios.

Pensé que la justicia me daría lo que yo quería.

Como apartado, me desconecté de cualquier cosa que avivaría mi fe y me conecté con cualquier cosa que quemara mi conciencia. Dejé la iglesia e intencionalmente pasé tiempo en ambientes que me permitían hacer lo que no debía hacer. Fui uno de los primeros miembros de 'The Hacienda,'[38] una infamante discoteca en Manchester, y con el tiempo, decidí que había hallado algo que me haría más feliz que la justicia.

Pasarían tres años hasta que regresara a mis sentidos.

La transición de mi forma de pensar durante esos tres años fue muy parecida a una transformación que había empezado en la teología de los judíos a lo large de cuatro siglos. Para explicar sus similitudes, permítame preguntar primero: ¿Su Biblia es mala? Existe una página en muchas Biblias que es muy engañosa. Puedes encontrarla entre el Antiguo y el Nuevo Testamento. Si tienes una 'Biblia mala,' descubrirás al culpable . . .

Una página en blanco.

Esa página en blanco representa aproximadamente 400 años de historia. Es engañoso porque da la impresión de que no ocurrió nada interesante. Nadie ganó una victoria milagrosa, traicionó a nadie, se acostó con alguien con quien no deberían acostarse. Infiere que no ocurrió mucho de importancia.

¡Sin embargo, nada podría ser más falso!

Durante ese período intertestamental, ocurrió algo sin precedentes que abrió las mentes de los judíos a la enseñanza de Jesús. Llegó a ser conocido como 'La Nueva Sensibilidad dentro de Israel.'[39] Sin esto, es posible que los seguidores de Dios nunca hubieran atraído el 'polvo de hadas' que haría que su servicio a Dios sea más efectivo, pero que con ella, ¡aún alguien como yo podría hacer una diferencia!

En esa época, se estaban haciendo preguntas incómodas. La antigua ley compensatoria que guardaban los judíos estaba bajo ataque. En el Antiguo Testamento creían que negro era negro, y blanco era blanco. Haz algo malo y cosas malas te ocurrirán. Haz algo bueno y cosas buenas te ocurrirán. Sigue el pecado y serás castigado, sigue la justicia y serás recompensado.

¡Esta ley tuvo un efecto profundo sobre su entendimiento de justicia!

Por ejemplo, en la historia bíblica de Job, el diablo desafió a Dios, sugiriendo que la fidelidad de Job no era auténtica sino una mera respuesta a la bendición de Dios sobre su vida. Dios permitió que la fe de Job fuera probada para probar equivocado al diablo, lo que llevó a mucho sufrimiento para Su siervo. Esto se empeoró cuando, a causa de su creencia en la antigua ley compensatoria, los amigos de Job asumieron incorrectamente que su adversidad era indicación de pecado escondido y lo presionaron a confesar.[40] Por supuesto, ellos estaban muy equivocados.

Sin embargo, durante la Nueva Sensibilidad de Israel, se reconocieron zonas grises, y la antigua ley compensatoria se halló examinada a través de tres grandes preguntas, la primera de las cuales fue:

"¿Es verdad que la gente buena siempre prospera y la gente mala siempre sufre?"

Aún los salmistas y los profetas señalaron que esto no era siempre el caso,[41] lo que eventualmente llevó a los judíos a continuar preguntando:

"¿Si un hombre hace un acto justo para recibir una recompensa justa, es el acto en realidad justo?"

En la mezcla había una situación mayor:

"¿Cómo va nuestra justicia a dar entrada al Reino de Dios y nuestra salvación?"

Ningún partido religioso durante este tiempo pudo proveer respuestas satisfactorias. Pocos podían explicar como lo que creían podía sincronizarse con lo que estaban viviendo. Sólamente Dios mismo, en forma humana, podría aclarar las tres grandes preguntas que se estaban haciendo en el tiempo de Su nacimiento:

¿Es correcta la ley compensatoria?

¿Es la justicia lo que creemos que es?

¿Es el Reino de Dios lo que esperamos que sea?

Las tres preguntas giraban sobre la justicia, un concepto que Dios también tenía que ayudarme a entender porque, la verdad era que ser justo no era lo que yo había pensado que era. Yo pensaba que ser justo era simplemente ser moralmente puro. En mi mente, ser justo era ser santo y puro en mis pensamientos, mis palabras y mis acciones. ¡He descubierto desde entonces que la pureza moral es sólo un *derivado* de la justicia!

En Mateo 6:33, la palabra griega que se usa en el Nuevo Testamento para justicia quiere decir algo diferente de lo que yo había entendido.

Dikaiosynē: 'La rectitud de pensamiento, sentimiento, acciones, pureza de vida, rectitud'[42]

Sólo una parte de esta descripción tiene que ver con pureza; mayormente se trata de alineamiento.

La justicia es estar *correctos* con Dios.

¡Es cuando alineamos nuestra voluntad con Su voluntad!

Pero, ¿qué quiere decir eso y cómo ocurre? Bueno, otro beneficio de la época de la Nueva Sensibilidad fue el permiso de hacer preguntas cada vez más incómodas. La más incómoda es tan provocadora que los rabinos aún hoy la discuten . . .

"¿Los *mitzvot* requieren *kavanah* o los *mitzvot* no requieren *kavanah*?"[43]

¡Casi todo lo que Jesús enseñó fue una respuesta a esa pregunta![44]

Permíteme explicar . . .

Mitzvot

Cuando un niño judío se convierte en un 'hijo del mandamiento,' celebra su barmitzvah. *Mitzvah* es la palabra judía para mandamiento, y la ceremonia infiere que el niño ahora es personalmente responsable de su relación con Dios. *Mitzvot* es el plural de *mitzvah*, así que la pregunta que se está haciendo es:

"¿Para obedecer verdaderamente los mandamientos, debemos tener '*kavanah*' cuando los cumplimos?"

Lo cual, obviamente, nos lleva a otra pregunta . . .

¿Qué es *kavanah*?

La palabra en español para describir *kavanah* es 'intención,' pero esa es una interpretación insuficiente de un concepto hebráico que es mucho más específico y de varias capas.

Kavanah es '*dirigir el corazón.*'[45]

Aunque nosotros separamos el pensamiento y los sentimientos usando el cerebro y el corazón para representar a estos dos elementos, los judíos antiguos no lo hacían. Cuando la Biblia se refiere a nuestros corazones, indica el centro de nuestro ser interior, incluyendo nuestro intelecto *y* nuestras emociones.

Por ende, para poseer *kavanah*, debemos tener:

Conciencia de la *presencia* de Dios en lo que hacemos.

Conciencia del *propósito* de Dios en por qué lo hacemos.

Por ejemplo, las palabras más significativas en este pasaje . . .

"También tomó pan y, después de dar gracias, lo partió, se lo dio a ellos y dijo: 'Esto es mi cuerpo, entregado por ustedes; hagan esto en memoria de mí.' De la misma manera, tomó la copa después de cenar y dijo: ' Esta copa es el nuevo pacto en mi sangre, que es derramada por ustedes.'"[46]

. . . es la cláusula: *"En memoria de mí."*

Ya que *kavanah* es pensar y sentir lo que Dios piensa y siente acerca de lo que hacemos, entonces, el ritual de partir el pan no tiene sentido sin reflexionar sobre la presencia y el propósito de Dios. Como indica un rabino:

"No tener kavanah *es demostrar con mi pensamiento que mis acciones no importan."*[47]

¡La justicia no es que obedezcamos a Dios por su propósito *en vez* del nuestro, sino que Su propósito se ha *convertido* en el nuestro! Antes de apartarme del Señor, cumplí muchos de Sus mandamientos *sin kavanah*. Busqué saber lo que debía y no debía hacer sin pensar mucho en cómo obedecerlos podían lograr los objetivos *de Dios*. Sin embargo, cuando regresé a seguir al Señor, se me hizo muy claro que si a Jesús se le preguntara, "¿Los *mitzvot* requieren *kavanah*, o los *mitzvot* no requieren *kavanah*?" Su respuesta sería un contundente . . .

"¡Sí, los requieren!"

Jesús era un poderoso partidario de *elevar kavanah*, y es la clave de casi toda parábola, enseñanza y comentario que Él hizo. También desata el don que necesitamos a fin de avanzar el Reino de Dios exitosamente.

Descubrí la razón para esto dentro de la petición arrepentida del Rey David, un hombre a quien Dios se refiere como *"un hombre conforme a mi corazón."*[48] Él también se apartó. ¡Luego, después de cometer adulterio con Betsabé, planeó la muerte de su esposo! Cuando Dios envió a un profeta a confrontarlo,[49] la convicción de David lo llevó a una oración imbuida de *kavanah*:

"Crea en mí, oh Dios, un corazón limpio y renueva un espíritu firme dentro de mí. No me alejes de tu presencia ni me quites tu Santo Espíritu. Devuélveme la alegría de tu salvación; que un espíritu de obediencia me sostenga . . ."[50]

David primeramente dirige su corazón hacia Dios pidiéndole una conciencia mayor de la presencia de Dios, y al continuar su oración, demuestra su conciencia del propósito de Dios:

" . . . Así enseñaré a los transgresores tus camino, y los pecadores se volverán a ti."

¡Él sabía que la presencia de Dios lo llevaría al propósito de Dios!

Específicamente, él entendía que para llevar al pueblo a Dios, él sería más efectivo con el empoderamiento sobrenatural que viene de ser 'hecho correcto' con Dios, o como lo describe un recurso judío, la *"habilidad excepcional"* que fluye de Su Espíritu.

¡Él sabía que debía ser *ungido*!

La unción es el 'polvo de hadas' que Dios quiere espolvorear en todo lo que hacemos por Él y es dada cuando le obedecemos para Sus propósitos. La palabra griega para "ungir" que se usa en el Nuevo Testamento quiere decir 'untar o frotar con aceite,' por implicación es empoderar para servicio religioso. Significa el llamado del Padre sobre una persona y el empoderamiento que Él da a aquellos en quien confía, aquellos que le sirven en espíritu y en verdad. ¡David sabía que con la unción de Dios, él tenía la certeza de que el Padre agregaría una unción sobrenatural a Sus pensamientos, palabras y hechos!

Esencialmente, el *alineamiento* lleva a la *unción:*[51]

"Esta es la confianza que tenemos al acercarnos a Dios: que, si pedimos cualquier cosa conforme a su voluntad, él nos oye."[52]

Por ejemplo, cuando estamos alineados correctamente con Dios en nuestros corazones, pensando y sintiendo como Él piensa y siente, oraremos más naturalmente por las cosas que Él quiere, y, al hacerlo, experimentaremos los resultados que Él experimentó.

""La oración del justo es poderosa y eficaz."[53]

¡Es posible que la unción no haga *más fácil* lo que hacemos por Dios, pero hará más *efectivo* lo que hacemos! Así que para aumentar nuestro *kavanah*, nos enfocamos en el propósito de Dios para cualquier mandamiento que Él da, creyendo que atraeremos la unción requerida para completarlo más exitosamente.

Es importante notar que Dios nos unge no por nuestro propio bien, sino para Su bien, así que durante mi tiempo de descarriado, pasé por mi propia 'nueva sensibilidad dentro de Paul' cuando el Espíritu Santo resaltó un conflicto entre mi razón por buscar santidad y el propósito mayor de Dios en eso. Esto me ha llevado a la siguiente realización.

Nuestra justicia gira sobre nuestro motivo para la obediencia.

Cristiano-céntrica: *Buscamos Su bendición.*

Reino-céntrica: *Buscamos Su unción.*

Así que, aquí está mi tercera pregunta incómoda para ti:

¿Para el bien de quién estás siendo justo?

¿Tu obediencia es motivada principalmente por el deseo de ser bendecido o de ser una bendición? ¿Estás buscando a Dios para recibir una mayor abundancia de Sus regalos o para destruir más poderosamente las obras del diablo? ¿Estás buscando la justicia por el bien de Dios, para estar correcto con Él y alinear tu voluntad con la de Él, o estás obedeciendo a Dios puramente por tu propia recompensa?

Es una pregunta difícil, e incómoda, porque Dios no está diciendo que una es correcta y la otra no, lo cual sería más fácil definir; Él está indicando que el uno debe ser nuestra intención primaria y el otro nuestro incentivo secundario. Nuestra bendición personal debería ser extra adicional al gozo que sentimos cuando podemos dar a Dios lo que Él quiere.

Entonces, ¿cómo descubrimos lo que está motivando nuestra obediencia a Dios?

Bendición

Pregunta: *¿Cuándo no es justa la justicia?*

Respuesta: *Cuando es incorrecta.*

¿Pero cómo puede ser incorrecta la justicia?

¡Desear la bendición de Dios no sólo es perfectamente aceptable, es recomendado! Jesús animó a Sus oidores a buscarla y prometió múltiples bendiciones cuando compartió las Bienaventuranzas. Sin embargo, después de prometer esas bendiciones, Él les hizo acordar cuál debería ser su primer interés, porque Él fue testigo de una búsqueda de justicia que era el antítesis de *kavanah*... el mal uso de *korban*.

Él resalta el problema en otra ocasión:

> *"¡Qué buena manera tienen ustedes de dejar a un lado el mandamiento de Dios para mantener su propia tradición! Moisés dijo: 'El que maldiga a su padre o a su madre será condenado a muerte.' Ustedes, en cambio, enseñan que un hijo puede decir a padre o madre: 'Cualquier ayuda que pudiera haberte dado es corbán' (es decir, ofrenda dedicada a Dios). Y en ese caso, ustedes ya no le permiten hacer nada por su padre ni por su madre. Así, por la tradición que se transmiten entre ustedes, anulan la palabra de Dios . . ."*[54]

Korban es algo bueno; infiere consagrar algo a Dios, como un sacrificio u ofrenda de alimentos. La descripción más precisa es:

> *Korban:* 'Dedicar a Dios'.[55]

Sin embargo, como con todo hecho, *korban* es sólo contado como justicia cuando es dado por la razón correcta. En el ejemplo de Jesús, los fariseos ignoraban el mandamiento de Dios cuando no les venía bien y en vez usaban un acto religioso para darle a Dios lo que les debieran haber dado a su padres. Entre otras razones,[56] esto les daba la apariencia de generosidad y elevaba su condición religiosa, pero era la forma incorrecta de bondad.

Jesús no dijo que el *korban* es pecaminoso pero lo usó como una metáfora, agregando . . .

" . . . Y hacen muchas cosas parecidas."

Tal como *kavanah* es una conciencia de la presencia y el propósito de Dios en lo que hacemos, el abuso de *korban* esconde nuestro egoísmo, usando la espiritualidad como excusa para hacer lo que queremos.

¿Has hecho alguna vez algo como eso?

Dios quiere bendecirte más de lo que puedes imaginarte, pero una de las paradojas dentro del Cristianismo es que entre menos hacemos algo solamente para nuestra bendición, más somos bendecidos. Así que, examinemos maneras en las que podríamos cometer un error y estar fuera de alineamiento cuando estamos cumpliendo sus mandamientos.

Primero: Podríamos luchar para *sentir* lo que Dios *siente*.

Recientemente conversé acerca de reconocer la voz de Dios con un aprendiz Pais Alemania ansioso por seguir la dirección de Dios pero luchando con sentir Su presencia. Poco después de nuestra conversación me sorprendió cuando él me preguntó entusiasmadamente si yo miraba ciertos programas británicos que a él le gustaban. Le dije que no, ya que sabía que contenían considerable violencia, sexo y profanidad. Luego le pregunté si él veía la conexión entre su lucha para oír la voz de Dios y el abrir su mente a material que no estaba alineado con los valores de Dios. Él me dijo que no.

Los rabinos hacían preguntas similares:

"¿Por qué algunos sienten la presencia divina y algunos no?"[57]

Pero ellos admitieron la respuesta:

"La limitación está con el receptor ya que las ventanas de su corazón están contaminadas . . . entre más uno las limpia, más luz entrará.."

La Biblia no me dice qué puedo mirar, qué puedo escuchar, o aún dónde puedo ir. Esta libertad a propósito me invita a luchar con Dios por las respuestas, pero puede ser mal usada.

"'Todo está permitido', pero no todo es provechoso. 'Todo está permitido', pero no todo es constructivo."[58]

En mi regreso a Dios, yo necesité una manera de medir los que me encararía en la dirección correcta y evitaría la cauterización de mi conciencia. Afortunadamente, John Wesley ofrecía una gran verdad:

"El mundanismo es cualquier cosa que enfríe mi afecto hacia Dios."

Así que, permítame proveerte con dos preguntas prácticas que ahora hago cuando estoy luchando con lo que debiera mirar, oír, y absorber: "¿Es esto de beneficio a lo que Dios está haciendo en mí?" y "¿Es constructivo a lo que Dios quiere hacer a través de mí?"

Segundo: Podemos luchar con *saber* lo que Dios *quiere*.

Eso es importante. Sin *kavanah*, podemos inventarnos nuestra propia versión de justicia. Por ejemplo, muchos fariseos creían que Dios sólo enviaría al Mesías una vez que Israel cambiara su conducta y fuera santo.[59] Su búsqueda de un Israel "sin pecado" intensificó su juicio sobre pecadores y los llevó a crear reglas que Dios nunca pretendió.

Citando a Isaías, Jesús dijo acerca de ellos:

"'Este pueblo me honra con sus labios, pero su corazón está lejos de mí. En vano me adoran; sus enseñanzas no son más que reglas humanas.'"[60]

Otra vez, se trata del corazón. Junto con los maestros de la ley, los fariseos ejercían *control*, mientras que Jesús promovía *cultura*. El control usa influencias externas para reprimir lo que hay en nuestro interior, pero la cultura cambia lo que hay en el interior para influenciar lo que es externo.

"¡Hay de ustedes, maestros de la Ley y fariseos, hipócritas! Limpian el vaso y el plato por fuera, pero por dentro están llenos de robo y falta de dominio propio. ¡Fariseo ciego! Limpia primero por dentro del vaso y el plato, así quedará limpio también por fuera."[61]

Por ende, si quieres limpiar tus palabras, no te muerdas el labio; más bien, alinea tu corazón. Al hacer esto, las palabras que fluyen de ti estarán en sintonía con la voluntad de Dios.

Tercero: Quizás lucharemos para *hacer* lo que Dios *hace*.

Esto puede llevar a la auto-justicia.

"Más bien, busquen primeramente el reino de Dios y su justicia."

Su justicia. No la tuya.

De todos los partidos religiosos de Su día, se sostiene que Jesús estaba más cercanamente alineado con los fariseos, quienes también deseaban el Reino de Dios. Jesús resaltó positivamente sus enseñanzas, diciendo:

"Los maestros de la ley y los fariseos tienen la responsabilidad de interpretar a Moisés. Así que ustedes deben obedecerlos y hacer todo lo que les digan . . ."[62]

Sin embargo, Él también dijo:

" . . . Pero no hagan lo que hacen ellos, porque no practican lo que predican. Atan cargas pesadas y las ponen sobre la espalda de los demás, pero ellos mismos no están dispuestos a mover ni un dedo para levantarlas."[63]

Vemos mucho de eso en la vida moderna, ¿no es cierto? Cuando las personas 'cancelan' a otros pero hacen muy poco para aliviar el problema personalmente. El aumento en la polarización está descubriendo la auto-justicia de la humanidad, y se está levantando una nueva clase de fariseo secular. Uno que juzga a otros pero hace poco para colaborar en el problema. Me tienta a preguntar si su primera intención es traer cambio o sentirse mejor sobre ellos mismos, y me pregunto si a veces yo hago lo mismo.

Jesús nos mostró un camino diferente.

Podemos descubrir que tan Reino-céntricos o cristiano-céntricos somos preguntándonos, ¿reflejo la justicia de Jesús o la auto-justicia de los fariseos?

Justicia: *"Esto es incorrecto, así que voy a corregirlo."*

Auto-justicia: *"Esto es incorrecto, así que tú deberías corregirlo."*

La buena noticia es que Jesús obra con nosotros, aún cuando nos salen mal las cosas. ¡Mira a quienes Él escogió para hacer Su obra! David, Gedeón, Pablo, y Pedro lucharon con el pecado pero estaban caminando hacia el propósito de Dios. Esto provee un entendimiento sumamente importante acerca de la naturaleza del Padre y a quienes Él escoge ungir:

¡Dios obra con *fallido*; con lo que no obra... es *ficticio*!

Unción

Pregunta: *¿Cuál es la única cosa que Jesús nunca sanó?*

Respuesta: *El carácter.*

Jesús sanó a los enfermos y oprimidos en un instante, pero la transformación espiritual toma tiempo, y el Apóstol Pablo nos recuerda que una vez que Dios cumple Su parte, nosotros debemos cumplir la nuestra:

> " . . . *lleven a cabo su salvación con temor y temblor, pues Dios es quien produce en ustedes tanto el querer como el hacer para que se cumpla su buena voluntad.*"[64]

Entonces, permíteme dar una práctica antigua que los rabinos todavía usan para entrenar a sus discípulos.

'Las cuestiones de *kavanah*' son preguntas incómodas que nos hacemos y son un método tradicional por el cual podemos determinar como poder estar más 'correctos' con Dios. Permíteme presentar un par de ejemplos judíos clásicos y dos personales.

Primero: *La Cuestión del Matzah*

Citando la tradición judía, oí a un rabino presentarles esta pregunta a sus discípulos: "Un judío fue a la panadería a comprar su pan favorito, pero cuando llegó el único pan que quedaba eran algunos panes sin levadura. Como no había otra cosa, compró un pan sin levadura. Cuando llegó a casa y comenzó a comer, se le ocurrió de repente que era el día en que los judíos sólo debían comen pan sin levadura. ¿Cumplió la ley?"

¿Qué piensas tú?

El rabino y sus discípulos estuvieron de acuerdo que no.

Segundo: *La Cuestión de la Leche*

Luego el rabino hizo una pregunta un poco más compleja: "Un padre judío ortodoxo tenía en brazos a su bebé mientras una olla de carne se cocía en la cocina. A fin de probar la temperatura de la leche en el biberón del bebé, salpicó unas gotas en su muñeca. Esta acción accidentalmente causó que cayeran unas pocas gotas de leche en la olla de carne. ¿Violó el mandamiento que prohibe a judíos cocinar carne y leche juntos?"

Los estudiantes y el rabino coincidieron en que no lo violó porque la leche puede ser cocida con carne sin infringir las leyes alimenticias si es en cantidades mínimas.

Inmediatamente, el rabino les presentó un escenario de seguimiento a sus estudiantes. En este caso, el padre, disfrutando el aumento de sabor, deliberadamente permitió caer cuatro o cinco gotas en la carne. Una vez más, se hizo la pregunta: "¿Violó el mandamiento?"

Esta vez, el rabino y sus estudiantes respondieron con un '¡sí!' contundente. ¿Por qué? La cantidad de leche no había cambiado, pero la dirección del corazón del hombre sí.

Tercero: *La Cuestión de la Integridad*

Aquí está una de las mías: "Un hombre atraído a su colega femenino decidió que intentaría seducirla y en preparación hizo una reservación del hotel. Sin embargo, cuando llegó a su trabajo, descubrió que ella había sido transferida a otra oficina, y él había perdido su oportunidad. ¿Cometió adulterio, si o no?

Si respondiste que sí, estás de acuerdo con Jesús, quien enseñó: *"Ustedes han oído que se dijo, 'no cometas adulterio'. Pero yo digo que cualquiera que mira a una mujer y la codicia ya ha cometido adulterio con ella en el corazón."*[65]

Cuarto: *La Cuestión de Caridad*

Permíteme hacer otra pregunta: "Una mujer cristiana está caminando por la calle cuando mete su mano en su bolso y accidentalmente deja caer su cartera al suelo. Sin darse cuenta de su error, sigue caminando. Unos minutos más tarde un hombre desamparado encuentra la cartera y toma el dinero de la mujer para comprarse una comida. ¿Cumplió ella el mandamiento de darle de comer a los pobres?"

No. No hubo intención. No fue un sacrificio; fue un accidente.

Estas cuestiones de *kavanah* pueden ayudarnos a alinearnos con Dios, poniéndonos en Su lugar. Te animo a que desarrolles algunas para tu propia vida.

De esta manera te estás haciendo consciente de Su presencia y Su propósito para lo que haces.

¡Pero no lo pienses demasiado!

Por favor no te preocupes de que accidentalmente te alejarás de la justicia. Dios no ha dado al Espíritu Santo para guiarnos y mantenernos en el camino correcto. Cuando yo me alejé, lo hice intencionalmente. En vez, eleva tu *kavanah* comprometiéndose con las disciplinas que todo cristiano debiera practicar, tales como la oración, el estudio de la Biblia y la asistencia a la iglesia. Pero aprende a buscarlos desde la perspectiva Reino-céntrica. En los siguientes tres capítulos voy a desempacar estas disciplinas, y comenzando con la Palabra de Dios, me gustaría preguntar:

Cuando lees tu Biblia, ¿qué estás buscando exactamente?

Resumen

Nuestra justicia gira sobre nuestro motivo para la obediencia.

- Cristiano-céntrico: *Buscamos la bendición de Dios.*
- Reino-céntrico: *Buscamos la unción de Dios.*

Ser Reino-céntrico es buscar la justicia por el bien de Dios en vez de la nuestra, y a medida que alineamos nuestra voluntad con la Suya, atraemos la unción de Dios para servirle más efectivamente.

Comenzamos haciéndonos la pregunta, ¿por el bien de quien estoy siendo justo?

Reflexión

Considera lo siguiente:

- ¿Lucho por sentir lo que Dios siente? Si es así, ¿por qué?
- ¿Lucho por saber lo que Dios quiere? Si es así, ¿por qué?
- ¿Lucho por hacer lo que Dios hace? Si es así, ¿por qué?

Respuesta

Descargue la guía en kingdom-centric.com para

- Estar más consciente de la presencia de Dios.
- Estar más alineado con el propósito de Dios.
- Estar más alineado con las prácticas de Dios.

Explora recursos adicionales:

- Libro: *Kingdom Principles: Developing Godly Character*
- Video: Canal YouTube Pais Movement, *Kingdom-Centric Series*

04 | Biblia

Haverim

Intervención

Regresé a Jesús en un autobús de dos pisos cuando tenía 21 años.

En los tres años de alejamiento, había buscado independencia. Dejé mi casa para que mis padres no pudieran decirme qué hacer, dejé la iglesia para que mi pastor no pudiera decirme qué hacer, y dejé de orar para que Dios no pudiera decirme qué hacer. Eventualmente, me mudé a una casa de dos pisos que contenía cuatro departamentos. Compartí uno en la planta baja con otro cristiano apartado. Al frente de nosotros habían tres estudiantes pudientes; encima de ellos vivía un Testigo de Jehová más un hippie un tanto dramático, y encima mio vivían tres anarquistas y un hurón.

Fue una época interesante.

A menudo discutíamos nuestras diferentes perspectivas del mundo. Los estudiantes eran hedonistas, los anarquistas vegetarianos militantes, y todos tenían opiniones fuertes acerca del propósito de la vida. Lamentablemente, mi estilo de vida menoscababa seriamente mi habilidad de convencerlos del mensaje cristiano, y ellos hicieron poco para convencerme de sus creencias. Mis costumbres se estaban arraigando, así que mi regreso a Jesús comenzó como cualquier otro miércoles. Estaba sentado en la parte de arriba de un autobús de dos pisos de camino a mi casa desde la casa de mis padres, adonde había llevado mi ropa sucia para que mi madre las lavara (nunca aprendí la parte acerca de la independencia). Mientras miraba desenfocadamente a través de la ventana, algo me ocurrió que cambiaría mi vida para siempre . . . una clase de intervención espiritual.

De repente, sentí la presencia de Dios llenar todo mi cuerpo como si se estuviera derramando del cielo, y me llenó un increíble sentido de gozo.

Entonces, tres palabras entraron mi cabeza:

"Pablo, ¿recuerdas esto?"

"Sí," pensé . . . *"¡Sí, lo recuerdo!"*

No sólo recordé la presencia de Dios, me dí cuenta cuánto había extrañado el increíble sentido de paz que puede traer. Inmediatamente, me pregunté: *"¿¡¿Qué estoy haciendo?!? Por qué aún estoy corriendo de la voluntad de Dios?"* La presencia del Espíritu Santo era tan poderosa que truncaba cualquier argumento que yo podía traer, así que, allí en ese momento, decidí re-dedicar mi vida a Él. En realidad, por alguna razón extraña, decidí esperar hasta el siguiente domingo para ir a la iglesia y 'hacerlo oficial.'

Sin embargo, esta vez, quería una nueva clase de relación.

En mi condición pre-alejamiento, no podía decir que estaba realmente enamorado de Dios; lo estaba siguiendo por obligación, pero ahora, lo quería hacer correctamente. Así que tenía que preguntarme:

¿Cómo te enamoras de alguien?

La respuesta, por supuesto, es pasar tiempo con ellos. Aún cuando tu intención no es enamorarte, pasar tiempo con alguien puede crear una fuerte conexión. Esto es especialmente cierto si tienes algo en común, como un trabajo o un proyecto. ¿Qué tan a menudo oímos historias de adulterio, tales como un jefe que tiene una relación con un colega, o un cura que se escapa con su secretaria?

¡Presencia hallada a *propósito* es una mezcla intoxicante!

La decisión de re-dedicar mi vida a Dios requería que yo retomara mis disciplinas espirituales, las que había dejado como pedazos de basura en mi viaje de alejamiento de Dios. Pero esta vez, participaría de ellas desde una perspectiva diferente, una más Reino-céntrica, que me llevarían a más profundidad en Su presencia y propósito. La primera de estas era estudiar regularmente la Palabra de Dios, y en mi Biblia, hay un pasaje de Escritura con un encabezamiento particularmente interesante: 'Advertencia en Contra del Alejamiento.'

"En realidad, a estas alturas ya deberían ser maestros; sin embargo, necesitas que alguien vuelva a enseñarles los principios más elementales de la palabra de Dios. Dicho de otro modo, necesitan leche en vez de alimento sólido. El que solo se alimenta de leche es inexperto en el mensaje de justicia; es como un niño de pecho."[66]

Allí está esa palabra otra vez.

Recuerda, ser justo es estar 'correcto,' estar en alineamiento con los propósitos de Dios. Por eso el autor de Hebreos continúa diciendo en la próxima oración:

"En cambio, el alimento sólido es para los adultos, pues han ejercitado la capacidad de distinguir entre el bien y el mal."[67]

Nota la clave . . . *ejercitado.*

Para estar 'correctos,' debemos dejar de *intentar* y comenzar a *ejercitar*. Leer la Escritura para recibir una palabra para el momento no es suficiente. El estudio de la Biblia es una disciplina, no un asunto de suerte. Sumergirse de repente en la Biblia para preguntarle a Dios qué debiéramos hacer cuando necesitamos una respuesta es una pobre manera de descubrir la voluntad de Dios y una manera completamente inefectiva de edificar una relación con Él.

Previamente, había leído la Biblia para descubrir qué hacer y qué no hacer. Regresando a Jesús, me dí cuenta de que tenía que buscar en la Biblia para encontrar más que solo Sus *instrucciones*; yo quería entender Sus *intenciones*. Pero sorprendentemente, encontré que no podía descubrir Su propósito simplemente leyendo Sus palabras - requería algo más . . .

¿Recuerdas las pulseras WWJD? (En español: QHJ: ¿Qué haría Jesús?)

La idea era llevar joyas baratas en tus muñecas como un recordatorio visual antes de tomar decisiones diarias. El motivo QHJ nos animaba a preguntarnos: *"¿Qué haría Jesús?"* Me encantaba el concepto. La persona a la que se le ocurrió la idea debería recibir una medalla, pero tengo un problem con las palabras de la frase:

"¿Qué haría Jesús?"

Mi pregunta es: ¿Cuál Jesús?

¿Mi Jesús o tu Jesús? Todos tenemos una versión un poco diferente en nuestras cabezas de Jesús. Mi Jesús haría lo que yo quiero que haga, y el tuyo probablemente haría lo que tú quieres que haga. Por lo tanto, cuando leemos Sus palabras, las interpretamos de acuerdo a eso. Para enamorarnos del *verdadero* Jesús, se requiere una pregunta más auténtica aunque quizás menos enigmática . . .

'¿Qué *hizo* Jesús?'

Lo que *hizo* Jesús nos ayuda a entender qué quiso *decir* Jesús con lo que dijo.

Sus acciones dan menos lugar a interpretación que Sus palabras, y pasar tiempo estudiando el contexto en el que habló nos provee un mejor fundamento para descubrir lo que Él quiere. Debemos recordar que *Él* es el Verbo, y Su ejemplo es claro.

"En el principio ya existía el Verbo, y el Verbo estaba con Dios, y el Verbo era Dios."[68]

Si yo iba a avanzar Su Reino, tenía que entender al Rey.

Habitar

Yo no tengo sangre de realeza, solo una conexión muy lejana con un monarca.

Por el lado de mi madre, soy un Munro, un clan escosés cuya alianza con su soberano era legendaria. Como cuenta la historia de la Batalla de Bannockburn en 1314, el Jefe Robert Munro lideró al clan en apoyo al Rey Robert the Bruce, un gobernante muy amado. Al morir, el rey pidió que se le cortara el corazón, que fuera embalsamado, y entregado a un caballero valiente que lo llevara a Jerusalén. Su amigo Douglas aceptó el desafío, y lo llevó en un envase alrededor de su cuello. Un día, estando arrinconado por el enemigo, con la derrota casi segura, Douglas arrancó el corazón de su cuello y lo levantó en alto para que todos sus hombres lo vieran. Luego, con un grito enorme, lo lanzó detrás de las líneas enemigas y exclamó,

"¡Peleen por el corazón del rey!"

Comienza el juego.

Me puedo imaginar esos caballeros fanáticos, fieramente leales, unidos a través del tiempo por promesas y juramentos, viendo en desesperación el corazón de su rey lanzado al territorio enemigo. Me puedo imaginar lo que hubiera despertado en ellos. ¡La pasión! ¡El enojo! ¡La rabia! ¡El espíritu! ¡Qué lucha debe haber seguido en su búsqueda para rescatar y retomar el símbolo de todo lo que creían y por lo que peleaban!

El corazón de Robert the Bruce está enterrado en Melrose Abbey, Escocia.[69] Muerto y enterrado, nunca se peleará por él otra vez, mientras que el corazón del Rey de Reyes está sano y vivo.

¿Pero quién peleará por él?

Para saber como pelear por el corazón de Dios, sabía que tenía que acercarme a la Biblia desde una perspectiva diferente, y a través del tiempo, creé un diagrama para ayudarme a enfocar mi búsqueda de las intenciones de Dios. Voy a describir el diagrama seguidamente, pero te animo a visitar Kingdom-centric.com para descargarlo. A través de los años, esta simple herramienta me ha ayudado a dirigir mejor mi corazón hacia Dios, y espero que te ayude a hacer lo mismo.

1. Imagina una línea horizontal. Esta línea representa las leyes de Dios, conocidas como *halakha*, que es la lista de mandamientos que nos enseñan 'como comportarnos.' ¡La ley de Dios es importante! No podemos adoptar Sus atributos sin obedecer Sus absolutos.

2. Ahora imagina una 'X' a la izquierda de la línea y una marca de verificación a su derecha. La 'X' representa las leyes que no queremos romper para no sufrir las consecuencias del pecado, y la marca de verificación representa las leyes que debemos cumplir a fin de recibir una recompensa por nuestra obediencia. Algunas personas se enfocan en la línea cuando leen las Escrituras para determinar lo que la ley les dice que deben o no deben hacer. Su búsqueda es impulsada por su temor de no hacer las cosas bien y un deseo de hacer bien las cosas para obtener lo mejor que Dios tiene para ellos.

Yo llamo a esto 'habitar en la línea.'

Usar la Biblia principalmente para hallar maneras de evitar el castigo y ganar recompensas llevan a una religión cristiano-céntrica. En algunos casos, hasta el legalismo. Sí, la ley de Dios nos ayudará a entender donde estamos fallando, lo que es de muchísima ayuda, pero no tiene el poder para ayudarnos a tener éxito. Es como un hombre que lleva su valioso pero descompuesto auto a un taller de reparaciones donde el mecánico lo enchufa en una computadora para hacer un chequeo diagnóstico. La computadora puede resaltar donde está el problema, pero no lo puede reparar porque solo el mecánico puede hacer eso.

Entonces, ¿cuál es la alternativa?

3. Imagina una nube encima de la línea. En la Biblia, la nube se usa constantemente para representar la *presencia* de Dios.[70] En mi ilustración, la nube también representa *haggadah*, las historias, ilustraciones, y parábolas que iluminan el *propósito* detrás de las leyes de Dios, y finalmente, Su corazón.

Yo llamo a esto 'habitar en la nube.'

Habitar en la nube enfoca nuestra religión sobre por qué Dios nos dio las leyes en primer lugar, ¡y este diagrama me recuerda constantemente que yo haga lo mismo! Me impulsa a buscar una relación más Reino-céntrica porque para elevar nuestra *kavanah*, tenemos que saber el propósito de Dios para los mandamientos por los cuales vivimos.

Habitar en la línea o habitar en la nube; ¿cuál te describe mejor?

En la época del Segundo Templo, algunos maestros se concentraron en enseñar *halakha*, y otros en *haggadah*. Jesús era principalmente maestro de *haggadah* y raramente se involucró con asuntos de *halakha* sin primero recibir una pregunta de aquellos que le estaban escuchando. Ni por un momento estoy diciendo que *halakha* es menos importante que *haggadah*, ¿cómo podemos vivir encima de la línea si no hay una línea? Pero Jesús constantemente re-enfocaba preguntas de habitar en línea atrayendo a la gente hacia la presencia y los deseos de Dios que estaban escondidos de ellos en Su Palabra.

Por lo tanto, nuestro estudio bíblico gira sobre donde estamos mirando:

Cristiano-céntrico: *Buscamos lo que está en las manos de Dios.*

Reino-céntrico: *Buscamos lo que está en el corazón de Dios.*

Así que, aquí está mi cuarta pregunta incómoda para ti:

¿Qué estás buscando cuando estudias la Biblia?

Como un niño de seis años, obtuve un entendimiento temprano acerca de este giro de mi primera novia, Tracey. Nuestro romance torbellino duró dos días enteros. Terminó cuando ella me compró un paracaidista en miniatura. ¿Sabes a los que me refiero? Un juguete barato hecho de plástico verde moldeado, un par de pulgadas en estatura y envuelto en papel celofán transparente. Cuando lanzaba al soldado en el aire, el paracaídas se abría, y regresaba lentamente al suelo. Era brillante; ¡¿quién necesita un XBox?! Le agradecí inmediatamente y rápidamente subí las escaleras de nuestro garaje exterior, donde lo dejé caer desde el techo y lo miré descender lentamente al suelo.

¡Estaba tan emocionado!

Durante los próximos aproximadamente veinte minutos, subí y bajé esas escaleras para lanzarlo una y otra vez. Eventualmente, me dí vuelta para buscar a Tracey, ¡pero se había ido! Mi madre me dijo que Tracey se había ido por estaba molesta porque yo estaba más interesado en su regalo que en ella.

Lección aprendida.

Dios nos invita a estudiar Su Palabra, no simplemente por los regalos que tiene para nosotros, de los que hay muchos, pero para entender mejor lo que nosotros le podemos dar a Él. La Biblia es una caja de tesoros de verdades que debemos recordar y nuevos secretos por ser revelados. Estos secretos aparecerán cuando buscamos en la Biblia para descubrir lo que Él quiere y el propósito mayor que Él tiene para las enseñanzas por las cuales vivimos. Por lo tanto elevamos nuestro *kavanah* estudiando Su Palabra para la intención detrás de Sus instrucciones y dedicandonos a ayudar a otros a descubrirlo también.

Manos

Pregunta: *¿Cuándo no es el estudio de la Biblia en realidad el estudio de la Biblia?*

Respuesta: *Cuando no se estudia la Biblia.*

En algunas iglesias, los estudios de la Biblia se han convertido en estudios de personas. Simplificado y orientado alrededor de un video o un libro, comentamos sobre el pasaje sin las herramientas para examinarlo, y todos comparten su opinión. El problema es claro: en vez de aprender los pensamientos de Dios estudiamos los pensamientos del grupo. Al hacer esto, no participamos del proceso que nos ayuda a determinar si nuestras interpretaciones son correctas, o si están en línea con las intenciones de Dios. Al igual que los lectores de Hebreos, ¿se nos podría acusar de inmadurez espiritual?

> *"Sobre este tema tenemos mucho que decir, aunque es difícil explicarlo porque ustedes se han vuelto apáticos y no escuchan."*[71]

Quizás sin darse cuenta, los líderes cristianos han elevado el escuchar sermones sobre el estudio personal. Esto es a causa de priorizar la asistencia a la iglesia, mientras que el estudio bíblico fuera de la iglesia se convierte en un extra opcional. El resultado es que algunos cristianos dependen solamente de la interpretación de sus líderes y su relación con Dios se ha convertido en vicario. Quizás ya no vivimos en la Edad Media (o la época oscura), una época en que el pueblo de Dios estaba restringida a solo oir la Escritura a través de sacerdotes ordenados, pero cuando se trata de explorar la Palabra de Dios, vivimos en la era de ignorancia voluntaria.

Vivimos en 'La Era Tenue.'

¿Y recuerdan de Hebreos 5:14 quienes ya no tienen " . . . *la capacidad de distinguir entre el bien y el mal"*?[72]

¡No eran aquellos que carecían de enseñanza, sino los que no *se ejercitaban*! Entonces, ¿cuáles son las señales e implicaciones de una perspectiva cristiano-céntrica de la Biblia, donde recibimos instrucciones pero no buscamos las intenciones?

Primero: *Mal entendemos lo que es la Biblia.*

Quizás el mejor ejemplo de una religión cristiano-céntrica es como se nos presenta la Biblia. Se describe como un 'manual de vida,' un libro espiritual de auto-ayuda. Por supuesto, *"Toda la Escritura es inspirada por Dios y útil para enseñar, para reprender, para corregir y para instruir en justicia."*[73] Sin embargo, si Dios quería escribir un libro de simples instrucciones, yo creo que lo podría haber hecho mejor. Cuando yo estudio la Biblia, ¡termino con más preguntas que cuando comencé!

¿Por qué es eso?

En mi casa, tengo un manual de instrucciones para la impresora que compré; como consecuencia de tenerlo, nunca tengo que contactar a la persona que lo creó. No tengo interés en esa persona o por qué inventó la impresora. Yo quiero una simple guía para que mi impresora funcione. En mi mentalidad cristiano-céntrica, tenía un deseo similar; yo anhelaba un simple libro de respuestas para simples preguntas. De esa manera, yo podría 'manejar' a Dios.

¡Pero la Biblia nunca dice que tiene todas las respuestas!

Escrito por judíos que típicamente aprendían más de preguntas y preguntas que de preguntas y respuestas, la Biblia nos lee a nosotros tanto como nosotros la leemos a ella. Usada correctamente, descubrimos un proceso de dos pasos, en el cual primero nos hace preguntas para revelar las áreas de nuestros pensamientos, palabras, y hechos donde todavía no estamos en línea con el Padre. Luego, con el impulso del Espíritu Santo, nos guía a realinear esas áreas con Su voluntad. A través de esta provocación e impulsión, llegamos a estar 'correctos' con Él.

Segundo: *Juzgamos mal lo que la Biblia espera.*

¿Has caído alguna vez por el truco más viejo de todos? Justificar tus acciones por ignorancia. Aparte de ser ciudadano del Reino de Dios, soy también ciudadano del Reino Unido y ahora de los Estados Unidos. Cuando emigramos en el 2005, tuve que ponerme al día rápidamente porque inmediatamente fuí responsable de saber las leyes del país. El término legal es *"ignorantia juris non excusat,"* una frase en latín que se traduce como "la ignorancia de la ley no es excusa." Este principio está basado en la idea de que la ley se aplica igualmente a todo individuo, sin importar si conocen su contenido.

Lo mismo puede decirse de los principios del Reino de Dios.

Dios no se relaciona con nosotros basado en nuestra denominación o crianza religiosa. Él no es bautista o pentecostal. Él no es armenio o calvinista. Él no es católico o protestante. Él solo se relacionará contigo basado en los principios de Su Reino, no en los que te enseñaron o con los cuales fuiste criado. Podemos pensar que simplemente porque los cristianos a nuestro alrededor están haciendo A, B, o C, provee una razón para que nosotros ciegamente hagamos lo mismo... pero no es así. Dios nos bendecirá, disciplinará, o removerá cosas de nuestras vidas basado en Sus verdades que nunca cambian, no en las tendencias de comportamiento que influencian a la iglesia. Debemos, por lo tanto, ejercitarnos, o entrenarnos para distinguir entre una verdad y una tendencia o moda.

¿Has hecho alguna vez lo que te dijeron que era lo correcto pero recibiste el resultado equivocado? Si no buscamos Su corazón, podemos ser fácilmente influenciados por los corazones de otros. Así que, siempre recuerda que las consecuencias de nuestras acciones, positivas o negativas, se determinan por los principios de Dios, no pors los de tus líderes espirituales, los libros que lees, o los podcast que escuchas.

Tercero: *Comunicamos incorrectamente lo que la Biblia enseña.*

¡Imagínate un mundo donde todos hicieran exactamente lo que Jesús nos dijo que hiciéramos! ¿Sería una pesadilla, no? ¿Has leído algunas de las cosas que Jesús dijo?

> *"Por tanto, si tu ojo derecho te hace pecar, sácatelo y tíralo. Más te vale perder una sola parte del cuerpo y no que todo él sea arrojado al infierno."* [74]

> *"Y si tu mano derecha te hace pecar, córtatela y arrójala. Más te vale perder una sola parte de tu cuerpo y no que todo él vaya al infierno."* [75]

¡Yo no tengo intención de hacer nada de eso!

Si no tomamos responsabilidad personal para descubrir lo que está en el corazón de Dios, podemos ser guiados a creer y luego compartir información falsa. Al no entender la dirección de Dios, nosotros podemos dirigir incorrectamente a los que Él nos lleva. Y eso es un problema, ¡porque la Biblia no es solo *para* ti; debe fluir *a través de ti*!

Corazón

Pregunta: *¿Cuándo es la Biblia un gran compás?*

Respuesta: *Cuando se usa como guía.*

El propósito de la Biblia puede no ser un simple libro de instrucciones, pero ciertamente es una herramienta para ayudar a otros a avanzar Su Reino. Como el padre de las misiones modernas, William Carey dijo:

> "Para conocer a Dios, necesitamos una Biblia abierta y un mapa abierto." [76]

Imagínate como crecería el Reino si todo cristiano supiera como estudiar la Biblia y usara la Biblia para ayudar a su vecino, el miembro de su familia, o colega a encontrar a Dios. ¡Esa es la meta de Dios! Esto es lo que Él quiere, y tú puedes dirigir tu corazón hacia este propósito de tres maneras.

Primero: Úsala para *contarle a otros.*

En la escuela, cuando los maestros se atrasaban, jugábamos un juego mientras esperábamos que se llamaba 'Crucifica al cristiano.' Era un poco divertido a no ser que tú fueras el único cristiano en la clase, lo cual yo era; por lo tanto, rápidamente yo era colgado del techo o enterrado bajo las sillas y las mesas . . . por mis amigos.

Sin embargo, ser el único cristiano en mi clase tenía una ventaja.

Mis compañeros de clase eran muy hábiles en hallar y aprovecharse de la pasión del maestro. Ellos usaban estos temas para desviarlos de enseñar para que el resto de nosotros pudiéramos descansar. A un maestro le encantaba el Club de Fútbol Bolton Wanderers, pero otro, un maestro de biología, tenía problemas mayores con la religión, y mis amigos los distraían mencionando mi fe. Esto me hacía de gran valor a mis compañeros de clase, pero resultó contraproducente un día cuando todas las salas de los grados menores estaban con llave, y el maestro de biología tuvo que abrirlas para cientos de jóvenes que estaban esperando. Decidió delegar su responsabilidad y gritó, *"Ey, cristiano. ¡Ven y toma las llaves!"* Durante los próximos dos años, oí gritos de burla, "cristiano" cuando quiera que estaba en la zona de los grados menores.

Luego, un día, ocurrió algo especial.

En la clase de biología, una vez más suscitó el tema de mi fe, y después de una discusión un tanto agitada, mi archienemigo dijo, "De todas maneras, aún si existe Dios, en tanto sea una buena persona, voy a ir al cielo." Yo respondí, "No. La Biblia enseña que Jesús es el único camino." Esto claramente lo sorprendió, y desconcertado, calló a la clase con esta increíble declaración . . .

> "No te creo. Pero si me lo muestras, ¡me convierto en cristiano en este momento!"

Toda mirada estaba sobre mí mientras buscaba el versículo apropiado pero no podía encontrarlo. Lo intenté, pero todavía tenía que ser entrenado. Eventualmente suscitaron risas nerviosas y el maestro retomó la lección, descartando lo que Dios estaba haciendo en él. Ese momento estará conmigo para siempre.

Jesús dijo:

> "Yo soy el camino, la verdad y la vida.' contestó Jesús. 'Nadie llega al Padre sino por mí'."[77]

¿Pero cómo puede creer la gente si nadie les dice? ¿Y cómo podemos decirles si no somos entrenados para manejar Su Palabra para *Su* propósito?

Segundo: Úsala para *entrenarte a tí mismo*.

Uno de los grandes beneficios de estudiar la Biblia por nuestra cuenta está escondida dentro del versículo que nos anima a hacerlo.

> "En realidad, a estas alturas ya deberían ser maestros; sin embargo, necesitan que alguien vuelva a enseñarles los principios más elementales de la palabra de Dios. Dicho de otro modo, necesitan leche en vez de alimento sólido."[78]

La palabra griega que se usa aquí para 'principios elementales' es:

Stoicheion: 'principios rudimentarios que marchan en rango'[79]

La gran cosa acerca de aprender principios espirituales es que te enseñan como pensar, no simplemente que pensar. Buscar respuestas directas a preguntas específicas solo te ayudará en tu situación presente. Sin embargo, una vez que aprendes un principio, te ayudará en múltiples situaciones.

Jesús solo tuvo tres años para enseñar a los discípulos, y eso no fue suficiente tiempo para haberles enseñado todo lo que necesitaban saber. Así que les enseñó principios del Reino, los cuales ellos podían aplicar a muchas situaciones y decisiones que enfrentarían.

Toma práctica descubrir un principio porque los principios se encuentran en patrones, y reconocer patrones requiere recolectar mucha información, lo cual toma tiempo e intención.

Por eso es que el estudio de la Biblia es una disciplina.

Al igual que yo, me imagino que no recuerdas la mayoría de tus comidas, solo las especiales. De hecho, en este momento, mi esposa (a la que llamo the Foxy Lynn) está horneando un pastel navideño. Es un proceso de dos meses y complementa su maravillosa cena navideña con todos los detalles británicos. Es una de las muchas comidas que recuerdo, pero como dos o tres comidas diarias y recuerdo muy pocas. Ahora imagínate si solo comiera las memorables o excepcionales; seguramente moriría de hambre. Es igual con el estudio de la Biblia. Si solo leemos la Biblia para sus versículos más conocidos en ocasiones especiales, caeremos a una muerte lenta de hambre espiritual. En vez, debemos consistentemente absorber los nutrientes necesarios que Dios pone delante de nosotros para aprender y discernir.

Tercero: La usamos para *entrenar a otros*.

A través de los últimos treinta años, la organización que tengo el privilegio de liderar ha reclutado a miles de jóvenes adultos y los ha puesto en el campo misionero. En ese tiempo, he notado que el conocimiento bíblico de aquellos que se unen a nosotros ha disminuido año tras año. Menos de ellos llegan a nosotros de iglesias que los han equipado con una pasión o un proceso para descubrir la Palabra de Dios; en vez, la priorización de la asistencia a la iglesia ha enfatizado una gran experiencia de alabanza.

¿El resultado? A muchos les encanta cantar, pero a pocos les encanta estudiar.

Con esto en mente, mientras examinaba a los rabinos del Segundo Templo, me encontré con las reliquias de una metodología muy parecida a como Jesús examinaba y discutía la Escritura. Encaja muy bien con una generación que quiere extraer información y no quiere ser obligada a consumirla.

También descubrí que esta metodología era diseñada para compartir lo que se estaba enseñando *a medida que estaba siendo estudiado*. Por lo tanto, a causa de que equipar a los santos es una de las maneras más efectivas en que le puedo dar a Dios lo que Él quiere, yo creé un órden para el proceso y lo llamé 'Haverim,' el término hebreo para amigos que estudian juntos.

Por supuesto, el Espíritu Santo quizás no le lleve a crear un método de estudio bíblico, ¿pero hay uno que puedes adoptar y compartir? Puedes usar el mío libremente. Haverim es un libro, una serie de videos gratuitos, y un modelo descargable.[80] Sin importar lo que uses, anímate; no necesitas ser un experto en enseñar la Palabra de Dios; solo debes compartir lo que has aprendido. Al hacerlo, ayudarás a entrenarte a ti mismo.

Después de todo, ¡enseñar es aprender dos veces!

La mentalidad de 'dar, no solo recibir' está también en el centro de otra disciplina espiritual que tuve que restablecer . . . ¡una que se me hizo recordar bruscamente!

Resumen

Nuestro estudio gira sobre lo que estamos buscando.

- Cristiano-céntrico: *Buscamos lo que está en las manos de Dios.*
- Reino-céntrico: *Buscamos lo que está en el corazón de Dios.*

Dios nos invita a estudiar Su Palabra no simplemente para descubrir los regalos que tiene para nosotros, los cuales son muchos, sino para entender mejor lo que podemos darle a Él. Por lo tanto, elevamos nuestro *kavanah* estudiando Su Palabra para descubrir la intención detrás de sus instrucciones, y nos comprometemos en ayudar a otros a descubrirlo.

Comenzamos por preguntar: ¿Qué estoy buscando cuando estudio la Biblia?

Reflexión

Considera lo siguiente:

- ¿He comprendido mal lo que es la Biblia?
- ¿He juzgado mal lo que espera la Biblia?
- ¿Comunico mal lo que la Biblia enseña?

Respuesta

Descarga la guía en kingdom-centric.com para:

- Contarle a otros
- Entrenarme
- Entrenar a otros

Explora recursos adicionales:

- Libro: *Haverim: How to Study Anything with Anyone*
- Video: Canal YouTube Pais Movement, *Kingdom-Centric Series*

05 | Iglesia

Ethos

Estímulo

Me rehusé a predicar en la iglesia hasta alrededor de mis 25 años.

Para esa fecha, estimaba que había compartido el Evangelio aproximadamente 800 veces en escuelas o en las calles de Manchester. Sin embargo, no tenía ningún deseo de hacer lo mismo dentro de la congregación a la que pertenecía. Eso es, hasta que mi amigo me hizo una pregunta incómoda. ¿Me había invitado a predicar en la iglesia mi pastor? Le hice saber que sí me había invitado, pero que yo había decidido no aceptar su invitación por mi preocupación de que no sería suficientemente bueno.

Parecía anonadado. *"Wow,"* me dijo. *"¡Estás tan lleno de orgullo!"*

Confundido, le expliqué que en realidad estaba siendo humilde. Él no estuvo de acuerdo conmigo, insistiendo que me preocupaba más lo que la congregación pensaría de mí que de como podía servir a mi iglesia. Por supuesto, él tenía toda la razón. Yo usé la 'humildad' como un camuflaje espiritual para mis inseguridades. Me sentí culpable, y la próxima vez que fuií invitado, acepté.

Mi resistencia inicial a predicar reflejaba una mentalidad cristiano-céntrica que había hecho que la iglesia se tratara solo de mí. El diseño mayor de Dios para la iglesia, una comunidad para servir en vez de ser servido, no estaba en mi radar. Tomaría tiempo cambiar mi corazón, pero más que eso, tomaría una cierta clase de disciplina.

Yo creo en la iglesia local. Por más de treinta años, he reclutado, entrenado, equipado, y movilizado a jóvenes adultos para servir en congregaciones locales. Muchos de ellos son pastores, párrocos, pastores de jóvenes, y ancianos, algunos con posiciones clave dentro de sus denominaciones. He dirigido iglesias, readaptado iglesias, y plantado iglesias. Yo creo que la iglesia local es una de los mejores inventos de todos los tiempos.

De hecho, no puedo ver como puedo ser Reino-céntrico sin asistir a la iglesia.

"Preocupémonos los unos por los otros, a fin de estimularnos al amor y a las buenas obras. No dejemos de congregarnos, como acostumbran hacer algunos, sino animémonos unos a otros . . ."[81]

Donde yo he usado la palabra disciplina, la Biblia usa 'costumbre,' o 'hábito.'

Ethos: Un hábito, costumbre, o manera en que hacemos algo.[82]

Ambos van mano en mano; toma disciplina formar un hábito y un hábito para crear una disciplina.

Pero la palabra 'hábito' tiene un doble significado e irónicamente resalta un problema en el cual se ve a la iglesia como un lugar para recibir una continua e incrementante cima espiritual. Muchas iglesias 'comercian' sobre esta base porque, en nuestra sociedad consumidora, los líderes de la iglesia se sienten presionados a proveer el mejor producto que pueden. En casos extremos, algunos se han convertido en negocios, compitiendo por clientes quienes escogen la iglesia que mejor provea la droga que desean. Pero, como con toda droga, necesitas una dosis cada vez mayor para proveer el mismo efecto. Consecuentemente, no tomará mucho romper ese hábito si tu compromiso con la iglesia está basado sobre la necesidad de seguir *recibiendo* algo.

La pandemia COVID-19 resaltó esto.

El encierro global rompió el rito de la gente de asistir a la iglesia, y algunos nunca se recuperaron. De acuerdo a estudios recientes, desde la pandemia, 10% de cristianos en Estados Unidos ya no asisten a la iglesia ni en persona ni en línea, y el 20% de los que asisten lo están haciendo menos frecuentemente.[83] Solo el 61% de las personas se han quedado en sus iglesias, el 23% cambiaron de iglesia, y el 16% dejó completamente de asistir en persona. El Grupo Barna llama a estas personas los 'titulares,' 'correteadores,' y 'abandonadores.'

Los encierros nos permitieron pensar acerca de nuestro compromiso, y el mensaje consumidor que atraía a la gente a la iglesia . . . ¡fracasó!

¿Pero, por qué?

Aquí hay una pista. Cuando el Grupo Barna les preguntó a los milenios por qué relativamente pocos estaban asistiendo a los servicios en línea, llegaron a una conclusión bastante simple:

> "No quieren sentarse cómodamente en el sofá y esfumarse; quieren estar activos."[84]

Se nos anima a asistir a la iglesia por *nuestro propio beneficio*: "Una iglesia viva vale el viaje." Pero la intención de Dios para ser parte de una congregación es más grande que nosotros mismos. Así que cuando la pandemia rompió nuestro hábito, algunos hallaron formas de mantener su conexión con Dios que les placía más, y otros dejaron de asistir porque les permitió escapar de un compromiso o situación con la que ya estaban luchando.

Interesantemente, siempre interpreté el mandamiento de *'estimularnos'* como inspirar o animar a alguien. En realidad, la palabra griega original del Nuevo Testamento, traducida en Hebreos como 'estimularnos' es más combativo de lo que pensé:

> *Paroxysmos: 'incitar, provocar, irritar, causar violencia.'*[85]

Estimular es desafiarnos los unos a los otros a hacer cosas mayores, lo cual puede ser incómodo y llevar a conflictos. Un ejemplo de esto es cuando Pablo y Bernabé discutieron. El libro de los Hechos nos dice: *"Se produjo entre ellos un conflicto (paroxysmos) tan serio que acabaron por separarse."*[86] Dándome cuenta de esto me llevó a buscar todos los incidentes que pudiera encontrar registrados en el Nuevo Testamento que ocurrieron dentro de las cuatro paredes de una sinagoga o edificio donde los creyentes se reunían para adorar. Encontré que una clara mayoría involucró fricción. De los doce incidentes que hallé, once mencionan discusiones, desacuerdos, o violencia, ¡y solo uno se trata de un momento cuando los creyentes se reunieron sin que ocurriera una disputa! Entiendo que la mayoría del tiempo, probablemente las cosas iban bien; después de todo, las malas noticias viajan más rápido que las buenas noticias, pero plantea una pregunta . . .

¿Por qué ir a la iglesia?

Si hay cosas más eficientes para hacer, lugares más placenteros donde ir, y personas menos frustrantes con las cuales rodearse, entonces ¿por qué molestarnos? Si nuestros párrocos, pastores, y curas nos dicen que la iglesia es para nuestro crecimiento espiritual personal, ¿por qué asistir regularmente cuando podemos quedarnos en casa a mirar en línea, o conectarnos con un grupo pequeño de cristianos colegas con una perspectiva similar?

Como líder cristiano, tengo que preguntarme, ¿hemos dicho lo incorrecto?

Audiencia

La raíz de muchas mentiras es una declaración espaciosa.

La palabra espaciosa se refiere a algo que tiene la apariencia de verdad pero que cuando es examinado se halla falso. Por ejemplo, una enseñanza que ha infiltrado a muchas iglesias en cuanto a la adoración es la frase:

> *'Una audiencia de uno.'*

Como muchas ideas pobres, este concepto popular fue creado con buenas intenciones. Nos enseña que debemos vivir nuestras vidas solo para la aprobación de Dios y no la de otros. Sin embargo, a menudo es usado para animar a los creyentes a enfocarse solamente en Dios durante la adoración y no ser distraídos por las opiniones o las expectativas de la congregación.

En la superficie, la mayoría de nosotros quizás diríamos *'amén.'*

¿Pero, deberíamos decir eso?

Cuando pienso en 'una audiencia de uno,' lucho por encontrar una base bíblica. Se me dice que la frase está inspirada por las palabras de Jesús en Mateo 6:1-8. Pero las escrituras sacadas de contexto llevan a algunos líderes de alabanza a animarnos a:

> "Bloquear a las personas a nuestro alrededor y enfocarnos en Jesús."

¡Sin embargo, el punto entero de la iglesia es hacer completamente lo opuesto!

La intención de Dios es que nos reunamos para edificarnos los unos a los otros y construir algo bueno juntos. Podemos enfocarnos sobre nosotros mismos y tener tiempo a solas con Dios en cualquier momento durante la semana, pero cuando asistimos a la iglesia, deberíamos invertir los unos en los otros a medida que nos enfocamos en Jesús. De hecho, entre más nos enfocamos en Jesús, más nos lleva a enfocarnos en otros.

¡No deberíamos asistir a la iglesia para la audiencia de uno sino para la audiencia de todos!

Lamentablemente, 'una audiencia de uno' destruye el propósito de Dios, y, una vez más, se trata de *kavanah*, la dirección de nuestros corazones. Es cierto, no debemos dar dinero, orar, o adorar a Dios para impresionar a otros. Pero, debemos estar muy conscientes del impacto positivo que debe tener nuestra generosidad, oración, o adoración sobre las personas que nos rodean. Debemos, por lo tanto, preguntarnos para *quién* asistimos a la iglesia. Esto es debido a que el *por qué* asistimos a la iglesia, *cómo* asistimos a la iglesia, y aun *si* asistimos a la iglesia será influenciado por la perspectiva de los dos cristianismos.

Esencialmente, nuestra asistencia a la iglesia gira sobre a quién beneficia:

Cristiano-céntrico: *Vamos a consumir.*

Reino-céntrico: *Vamos a contribuir.*

Lo que me lleva a mi quinta pregunta incómoda:

¿Por el bien de quien asistes a la iglesia?

Por favor, no digas, 'Dios.'

Dios está en todas partes. No necesitas hacerle una visita, y Él no se siente solo cuando no apareces. No le estás haciendo un favor yendo a la iglesia, ni te estás haciendo un favor si vas por la razón equivocada. No, en Sus ojos, si estás yendo para darle a Dios lo que Él quiere, deberías entrar en una iglesia por mi beneficio, y cuando yo entro, debería ser por tu beneficio. Por lo tanto, para elevar nuestro *kavanah*, nos enfocamos sobre como Dios se siente acerca de Su Iglesia para que asistamos con la misma pasión que Él tiene por Su pueblo.

En el centro de Su perspectiva se encuentra un principio importante, uno que afecta dramáticamente tu relación con Dios y como Él se involucra contigo:

¡Tu compromiso con Cristo es visto por Cristo a través de tu compromiso con el cuerpo de Cristo!

¿Por que?

Porque el compromiso de Dios con el mundo es visto por el mundo a través del cuerpo de Cristo.

"De esto modo todos sabrán que son mis discípulos, si se aman los unos a los otros."[87]

Ya que Dios ve a la Iglesia como la novia de Cristo, permíteme usar mi matrimonio para desempacar ese principio. He estado casado con The Foxy Lynn por 36 años, y estamos bendecidos con dos hijos increíbles y tres nietos maravillosos. ¡Amo a mi familia más que cualquier cosa en el mundo! Pero, ¿a veces me avergüenzan? Por supuesto que lo hacen. ¿A veces me fallan? Claro que sí. Así que imagínate que un día, después de dar una charla en una conferencia, un delegado viene hacia mí y me dice cuanto le encantó mi charla y que está convencido de que deberíamos ser buenos amigos. Ofrece llevarme a almorzar pero quiere que sepa que él piensa que mi esposa es fastidiosa, mis hijos son malcriados, y mis nietos son feos. Luego, me dice que le encantaría pasar más tiempo conmigo pero quiere tener poco que ver con ellos . . . ¡y me pide un abrazo!

Es posible que reciba una respuesta física, pero puede no ser la que se espera.

Por supuesto, esta es una situación ridícula e hipotética. ¿O lo es? ¿Cómo crees que se siente Dios cuando ignoramos la presencia de Sus hijos para enfocarnos sobre Él o hasta dejamos una iglesia porque nos ofendemos con nuestro hermano o nuestra hermana y los culpamos por nuestra falta de fe?

Considera las siguientes escrituras:

"Si alguien afirma: 'Yo amo a Dios', pero odia a su hermano, es un mentiroso; pues el que no ama a su hermano. A quien ha visto, no puede amar a Dios, a quién no ha visto."[88]

"Y le contestarán los justos: 'Señor, ¿cuándo te vimos hambriento y te alimentamos o sediento y te dimos de beber? ¿Cuándo te vimos como forastero y te dimos alojamiento o necesitado de ropa y te vestimos?

¿Cuándo te vimos enfermo o en la cárcel y te visitamos?' El Rey les responderá: 'Les aseguro que todo lo que hicieron por uno de mis hermanos, aun por el más pequeño, lo hicieron por mí'"[89]

"La religión pura y sin mancha delante de Dios nuestro Padre es esta: atender a los huérfanos y a las viudas en sus aflicciones . . ."[90]

"Por qué si perdonan a otros sus ofensas, también los perdonará a ustedes su Padre celestial. Pero si no perdonan a otros sus ofensas, tampoco su Padre perdonará a ustedes las suyas."[91]

". . . en favor de su cuerpo, que es la iglesia."[92]

Cuando digo que nuestro compromiso con Cristo es visto por Cristo a través de nuestro compromiso con el cuerpo de Cristo, no me refiero simplemente a que tan a menudo asistes a la iglesia. Estoy resaltando que Él toma muy en serio la manera en que nos involucramos con Sus hijos, y si tú quieres darle a Dios los que Él quiere, va a ser necesario darle lo que tienes a aquellos que Él ha creado.

¿Es este un principio que está tan cercano a tu corazón como lo está del corazón de tu Padre celestial?

¿Y cómo lo sabrías?

Consumir

Pregunta: *¿Cuándo no es la asistencia la asistencia?*

Respuesta: *Cuando no estamos siendo atentos.*

Como seguidores de Jesús, no podemos depender de instituciones creadas por el hombre con sus inevitables ineficiencias para mantenernos enfocados en la verdadera razón por la que vamos a la iglesia. Una iglesia cristiano-céntrica no producirá asistentes Reino-céntricos, así que en la enseñanza acerca de la iglesia Reino-céntrica, hablo acerca de cómo los líderes pueden cambiar esto. Sin embargo, en última instancia, nosotros somos responsables de nuestro propio alineamiento con Dios y, por lo tanto, debemos buscar oportunidades para servir, no simplemente para ser servidos. Para ayudarte a decidir si las siguientes características cristiano-céntricas son evidentes en tu propia vida, voy a guiarte a través de tres preguntas:

Primero: ¿He priorizado el *beneficiar* por sobre *el traer*?

No puedo hallar un solo versículo en la Biblia que se refiere a asistir a la iglesia para recibir algo, pero muchos resaltan el propósito de *traer* algo.

> *"¿Qué concluimos, hermanos? Que, cuando se reúnan, cada uno puede tener un salmo, una enseñanza, una revelación, un mensaje en lenguas o una interpretación. Todo esto debe hacerse para la edificación de la iglesia."*[93]

Aunque todos estamos en una escala resbalosa entre contribuir y consumir, si nos adherimos a la idea de una audiencia de uno, podemos hallarnos comprometiéndonos con una iglesia basado sobre la calidad de lo que nos ofrece en vez de la oportunidad de servir. O, como en mi caso de mi resistencia a predicar, porque creía que yo no beneficiaría de la aprobación de otros, no estaba preparado a darles lo que yo tenía.

Segundo: ¿Has priorizado los *servicios* por encima de *servir*?

Hace muchos años, mi familia y yo pasamos cuatro semanas en Barbados, donde experimentamos una clase original de adoración. El formato involucraba artículos de canto bien coreografiados que podían durar de 10-15 minutos o aún más si la audiencia participaba. ¡El estilo y la falta de duración premeditada lo hizo impredecible y emocionante!

Al regresar a Inglaterra, prediqué el fin de semana siguiente en la capilla de la Universidad de San Andrés, y no pudo haber sido más grande la diferencia. Sumergida en tradición, la Capilla St. Salvator es donde se congregan la realeza británica que estudia en la universidad.[94] Construido en 1450 antes de la Reforma, provee un entorno magnífico. Entré al servicio como parte de una procesión de profesores usando trajes, gorros, y túnicas tradicionales, cargando bastones con profundo significado histórico. El único canto fue en latín, y alabamos a Dios con himnos antiguos.

El contraste de estos "fines de semana contrastantes" fue imposible de evadir. Y mientras meditaba sobre cuál de las dos yo prefería, una pregunta vino a mi mente: *"¿En realidad importa?"* Si un estilo me causaba adorar más a Dios que el otro, me puse a pensar: ¿Estoy adorando a *Dios* o estoy adorando a la *adoración*?

La verdadera adoración es cuando servimos a Dios adorándolo delante de todos como testimonio de quien es Él. Si tu adoración a Dios en un servicio es más animada que en otro, ¿que te enseña eso acerca de tu madurez espiritual y tu relación con Dios?

Tercero: ¿Has priorizado a *la religión* por encima de *la relación*?

Mientras asistí a un curso de entrenamiento para aquellos que querían servir en el campo misionero, hice dos amigos. Gary, un convertido reciente a Jesús quien había sido un prostituto en Londrés, y Frank, un cristiano devoto de muchos años. Yo me llevaba bien con Gary y Frank, pero ellos no se llevaban bien entre ellos. Ellos eran opuestos sin atracción. Gary era áspero y listo y no se tomaba muy seriamente, mientras que Frank disfrutaba estudiar las cosas más profundas de Dios y pasaba horas orando solo en un pequeño closet.

Aunque lucharon por ver lo bueno el uno en el otro, el último día del curso, Gary hizo un intento auténtico de corregir su relación con Frank, deseándole lo mejor para el futuro y dándole una palmada en la espalda. Una hora más tarde estaba llorando, sintiéndose como un fracaso porque Frank se había quejado a los líderes del curso que Gary lo había atacado espiritualmente, dándole una palmada en la espalda donde "...*no hay armadura espiritual.*"

Aprendí un par de lecciones de Gary y Frank.

Primero, Frank claramente creía en una audiencia de uno. En su mente, él podía tener una gran relación con Dios pero una pobre relación con aquellos a los que Dios ama. Segundo, aunque Frank continuaba encerrándose en oración, aislando su relación con Dios, Gary, que tuvo un comienzo difícil, mejoró sus relaciones con aquellos que lo rodeaban. Desde entonces me he dado cuenta de que la madurez es reflejada no tanto en donde está nuestra relación con Dios, sino en que dirección estamos yendo.

Contribuir

Pregunta: *¿Cuándo nos discipula la iglesia?*

Respuesta: *Cuando es una disciplina.*

La práctica puede no hacernos *perfectos* pero sí nos hace *permanentes*.

Si quieres buscar primero el Reino de Dios, formar ciertos hábitos puede ser de mucha ayuda. Puede que no nos convierta en el cristiano 'perfecto,' pero sí transformará algo que parece innatural en algo que es de segunda naturaleza. Una de esas disciplinas es asistir a la iglesia. Es un hábito que puede formar nuestro carácter y nuestra conexión con Dios. Si queremos ser más Reino-céntricos, ir constantemente a la iglesia con un propósito Reino-céntrico, a través del tiempo, cimentará esa mentalidad y renovará nuestras mentes. Así que, aquí hay algunas sugerencias.

Primero: Contribuye *incondicionalmente.*

En la mente de Dios, Él te dio dones en la forma de talentos y habilidades para traer gratuitamente sin ningún compromiso. No pueden usarse para negociar hasta que el Señor o los líderes hagan lo que tú quieres.

> *"Que habite en ustedes la palabra de Cristo con toda su riqueza: instrúyanse y aconséjense unos a otros con toda sabiduría; canten salmos, himnos y canciones espirituales a Dios, con gratitud de corazón."*[95]

Pablo, quien como prisionero puede haber sentido que tenía el derecho de ponerse de mal humor y llevarse su pelota a casa, en vez, enfatizó que debemos dar todo con *gratitud de corazón.* Al hacer esto, él demostró que cuanto más aprecio tenemos para lo que Dios ha hecho por nosotros, más grande será el regalo que le damos a Él. ¡Y como sabemos del principio 'Busca Primero,' nunca podemos dar más que Dios!

Otra parábola que me gusta contar resalta esto:

> ¿A qué puedo comparar el Reino de Dios? Es como un rey de un país que estaba en sequía y quien envió mensajeros con un decreto alrededor del país: "Traigan cualquier agua que pueden dar para aquellos que no tienen." En el día previsto, todos en el Reino vinieron al castillo con toda el agua que querían dar. Algunos lo trajeron en barriles, algunos en baldes, algunos en frascos, y algunos en una taza para huevos. A todos se les pidió que echaran su contribución en un pozo donde más tarde sería distribuido a los necesitados. El rey estaba tan complacido con la respuesta que abrió las grandes puertas de su sala de tesoros y dijo: "¡Siéntanse libres de llevar a sus casas tanto como puedan caber los envases que trajeron! Algunos llevaron barriles de tesoros, baldes, y frascos, pero algunos solo tenían tazas para huevos.

De la misma manera, cuando se trata de involucrarse con Su pueblo, Dios responderá a tu nivel de *kavanah*. Entre más grande tu corazón, más pequeñas son tus condiciones, y más Él ungirá e incrementará lo que traes.

Segundo: Contribuye *inconvenientemente*.

Durante la creciente conciencia del racismo en los últimos años y las discusiones varias alrededor del tema, los cristianos han respondido de múltiples maneras, algunas buenas, algunas no tan buenas. Quizás la respuesta más auténtica que vi fue de unos amigos míos quienes, después de pasar tiempo pensando y orando, se dieron cuenta de que su negocio empleaba a pocos americanos negros. Esto no había sido por elección sino porque muchos de sus empleados habían sido reclutados a través de las relaciones que tenían en la iglesia donde asistían. Así que, decidieron unirse a una iglesia casi totalmente negra. Aunque no era su estilo preferido de iglesia, la esperanza era entablar nuevas relaciones que llevaría naturalmente a que ofrecieran nuevas oportunidades de empleo a americanos negros.

Esa clase de decisión puede ser una que a pocos se nos llame a tomar. Pero, ¿cómo podríamos nosotros seguir su ejemplo de poner a otros antes que a nosotros mismos cuando asistimos a la iglesia?

Déjame ofrecer un ejemplo elemental . . .

Llega a tiempo.

No puedo decirte que tan a menudo he llevado o visto a incrédulos venir al servicio pocos minutos antes de que comience y entrar en un salón casi vacío. ¿Tienes una idea de lo incómodo que se sienten? ¿Y a qué conclusiones los lleva?

De acuerdo a un capellán clínicamente entrenado de una clínica psiquiátrica reconocida:

> "El llegar tarde consistentemente es la primera señal exterior de una persona egoísta." [96]

Eso tiene sentido. Si la iglesia se trata de mí, puedo aparecer cuando se me da la gana. Si es más conveniente agarrar un café y entrar tarde, así sea. Sin embargo, la verdadera compasión es la disposición de permitir que nuestra agenda personal sea formada o cambiada por las necesidades de otros. A medida que maduramos espiritualmente, estamos más conscientes de como nuestras decisiones impactan a otros y su camino hacia Dios.

Tercero: Contribuye *intencionalmente*.

Cuando nosotros dirigimos a nuestros corazones en vez de permitir que nuestros corazones nos dirijan a nosotros, nos hacemos más proactivos en nuestra adoración de Dios, ¡y a Él le encanta!

> *"Anímense unos a otros con salmos, himnos y canciones espirituales. Canten y alaben al Señor con el corazón."* [97]

Noten la frase: *'canten y alaben . . . con el corazón.'*

Cuando el amor es genuino, a menudo es creativo. Piensa en esto: Cuando recibes una tarjeta, como una nota de gratitud, ¿qué es lo que más te interesa leer? ¿Las palabras impresas, creadas por un escritor profesional y escritas en su interior? ¿O el mensaje creado del corazón del que lo envía? Quizás tú estés interesado en ambos, pero yo sugiero que la mayoría preferiríamos leer la nota personal. Puede que no sea tan elocuente y hasta tenga errores de gramática, pero tú sabes que está escrito . . . *con el corazón.*

¿Por qué sería diferente Dios?

Es magnífico que hay personas talentosas que han escrito canciones hermosas para unirnos en nuestra adoración, pero no dependamos de ellas. En vez de usar siempre las palabras de otros, usemos nuestras propias palabras para agradecer a Dios. Quizás no seas tan elocuente o elegante como el hábil líder de alabanza o director de coro, pero tu Padre celestial lo apreciará mucho y quizás animarás a los que están a tu alrededor a hacer lo mismo.

¿Por qué no orar intencionalmente por gente en la iglesia sin que se te diga que lo hagas o cuando lo debes hacer? ¿Qué tal si pasas un poco de tiempo antes de un servicio preguntándole a Dios a quién puedes animar? ¿O encontrar tiempo después del servicio para compartir con alguien, dándole gloria a Dios por algo que Él hizo en tu vida durante la semana?

Asistir a la iglesia con el propósito de contribuir en vez de consumir ha sido vital para mi continua transformación espiritual. Además, cuando nos disciplinamos a través de acciones proactivas, realineamos nuestra forma de pensar.

Sin embargo, la disciplina que más ha realineado mi forma de pensar no fue leer la Biblia o asistir a la iglesia. Es la que cambia todo y el lugar más obvio en donde comenzar nuestra transformación espiritual . . .

Resumen

Nuestra asistencia a la iglesia gira sobre a quién beneficia:

- Cristiano-céntrica: *Vamos a consumir.*
- Reino-céntrica: *Vamos a contribuir.*

A medida que nos hacemos más Reino-céntricos, podemos pasar tiempo a solas con Dios donde queramos, pero asistimos a la iglesia para dar en vez de recibir. Esto requiere invertir nuestro tiempo, energía y talentos para edificar algo bueno junto con otros. Para elevar nuestro *kavanah*, nos enfocamos en como Dios se siente acerca de la iglesia para que podamos asistir con la misma pasión que Él tiene por su propósito.

Comenzamos por preguntar: ¿Por el beneficio de quien estoy asistiendo a la iglesia?

Reflexión

Considera lo siguiente:

- ¿He priorizado *beneficiar* sobre *traer*?
- ¿He priorizado *los servicios* sobre *servir*?
- ¿He priorizado *la religión* sobre *las relaciones*?

Respuesta

Descarga el guía en kingdom-centric.com para:

- Contribuir incondicionalmente.
- Contribuir inconvencionalmente.
- Contribuir intencionalmente.

Explora recursos adicionales:

- Libro: *The Shapes Test: Discover Your Shape to Shape Your World*
- Video: Canal YouTube Pais Movement, *Kingdom-Centric Series*

06 | Oración

Amidah

Imagina

Vi mi primer milagro en un viaje misionero cuando tenía unos veinte años.

Compartiré esa historia más tarde, pero cada vez que lo hago, me trae memorias de cuan frustrado solía sentirme durante las reuniones de oraciones a las que asistía cuando era joven. Los martes a la noche, ocasionalmente visitaban misioneros y compartían acerca de su trabajo, a menudo incluyendo historias del increíble poder y provisión de Dios. Esas noches me inspiraban pero me dejaban preguntando: ¿por qué no veo esas cosas ocurriendo en *mi* vida?

De acuerdo a la Real Academia Española, milagro significa:

> "Hecho no explicable por las leyes naturales y que se atribuye a intervención sobrenatural de origen divino."

Las respuestas a oraciones pueden llevar a sanidad sobrenatural, provisión celestial, o cambios inexplicables en circunstancias, pero también sirven otro propósito. Da comprensión acerca del Reino Celestial . . .

Los milagros son lecciones prácticas.

Por ejemplo, la sanidad del cuerpo de alguien demuestra la naturaleza restaurativa de Dios y el renuevo de todas las cosas.[98] De igual manera, la provisión divina (tal como alimentar a los 5.000) indica la abundancia del cielo y nuestro bienestar eterno.[99]

Pero hay más.

Los milagros también afirman quienes son los hijos del Padre y que tan bien Él cuida de ellos. A medida que la gente es testigo de las respuestas a nuestras oraciones, pueden ver Su fidelidad hacia aquellos a quien ama. Por supuesto, Dios también puede ser glorificado en tiempos difíciles, pero la Biblia a menudo nos indica a aquellos a quienes Él ha bendecido como ilustraciones de Su bondad.[100] Por lo tanto, a medida que tú buscas primero el Reino y Dios cumple Su promesa de bendecirnos y proveer para nosotros, otros pueden observar a un Dios amoroso interviniendo en su vida. Quizás no lo puedan entender completamente, pero lo notarán. Me pregunto si alguna vez un amigo o familiar no religioso ha comentado lo obvio que es que "¡alguien te está cuidando!" A mí me ha pasado.

De hecho, ¡recientemente un familiar literalmente me frotó para buena suerte! Para ayudar a su hijo en un evento deportivo, tomaron una pieza de su equipamiento, y antes de que me diera cuenta de lo que estaba sucediendo, me tocó con la pieza, diciéndole a su hijo que creían que eso le ayudaría a ganar. Aunque me sentí utilizado, me hizo recordar algo que dijo un colega mientras oró por mi hace mucho tiempo: "Paul, me da la impresión de que un recipiente de vidrio está siendo puesto sobre ti, como si fueras un espécimen en un laboratorio. Creo que Dios está diciendo que si buscas primero Su Reino en todo lo que haces, Él te hará un ejemplo de cuanto bendecirá a los que hacen lo mismo."

Eso tiene sentido. ¡Imagina la gloria que podríamos darle a Dios si nuestras oraciones fueran vistas como exitosas! Entonces, esta es mi pregunta: si es de beneficio a Dios que nuestras oraciones no solo sean respondidas sino que sean *vistas como respondidas*, ¿por qué es que a veces, aun a menudo, no son respondidas?

Temprano en mi relación con Dios, mis oraciones parecían especialmente inconsistentes. Yo pensaba que el problema era mi falta de fe, o que simplemente tenía muy poca fe.

¡Qué equivocado estaba!

> Jesús dijo: *"Les aseguro que si tuvieran fe tan pequeña como una semilla de mostaza, podrían decirle a esta montaña: 'Trasládate de aquí para allá' y se trasladaría. Para ustedes nada sería imposible."*[101]

Dios está interesado en responder a nuestras oraciones, y solo un mínimo de fe puede lograr lo deseado. Darme cuenta de esto me ha ayudado a entender la razón por mi vida de oración inefectiva. Estaba buscando en el lugar equivocado, y en vez necesitaba priorizar aquello sobre lo cual Dios está enfocado:

No la *cantidad* de fe sino la *asimilación* de fe.

Para estar correctos con Dios, nuestras oraciones deben estar alineadas con Sus objetivos y en sintonía con Sus deseos. Entonces, en vez de estresarnos sobre cuanto creemos, podemos comenzar a experimentar la siguiente promesa:

"La oración del justo es poderosa y eficaz." [102]

¿Pero cómo se ve la asimilación en nuestra vida de oración?

Fe

Para responder eso, déjame apuntarte a Jesús a quien se le hizo lo que inicialmente parece una petición extraña:

" . . . dijo uno de sus discípulos: -Señor, enséñanos a orar . . .'" [103]

¿Es posible que el discípulo honestamente no sabía cómo?

¡Claro que sabía! Los seguidores más cercanos de Jesús crecieron en el Triángulo Ortodoxo de la orilla norte de Galilea. Como judío practicante, el discípulo hubiera estado más familiarizado con la oración que muchos cristianos modernos. ¿Entonces, por qué necesitaba preguntar? Bueno, note el resto de la petición del discípulo:

" . . . así como Juan enseñó a sus discípulos." [104]

El hecho es que la petición *"Rabino, enséñanos a orar"* era normativa durante el período del Segundo Templo, y se esperaba de Jesús que hiciera algo que otros rabinos hacían para sus discípulos. ¿Pero qué? Bueno, otra vez, estudiar el contexto nos ayuda. Los judíos tenían, y aún tienen, ciertas oraciones regulares, incluyendo el *Amidah,* [105] un sistema algo largo y elocuente de dieciocho bendiciones que toman tiempo recitar. Una práctica común era que los discípulos pidieran a su rabino una versión condensada para entender lo que era más significante. Esta paráfrasis resaltaba lo que su rabino creía era lo más crítico para Dios.

Así que, la pregunta que se le estaba haciendo a Jesús era esta:

"¿Puedes enseñarnos lo que tú consideras la parte más importante de nuestra oración?"

Cuando respondió, nota la primera petición que Jesús puso en la lista:

"Venga tu reino. Hágase tu voluntad en la tierra como en el cielo."[106]

De acuerdo a judíos eruditos, una examinación cuidadosa revela que *'venga tu reino'* es una exhortación que significa, '¡Gobierna, Dios, sobre más y más individuos!'[107]

En lo que llamamos 'El Padre Nuestro,' Jesús enfatiza que la clase de gente que conformará el Reino de Dios son aquellos que piden que venga Su Reino, aun antes de pedir por su pan diario. Esto contrasta marcadamente con mi vida temprana de oración, donde yo priorizaba las necesidades personales y raramente oraba por lo que más estaba en el corazón de Dios.

"Por lo tanto, pidan al Señor de la cosecha que envíe obreros a su campo."[108]

Eventualmente me dí cuenta de que mi vida de oración debía enfocarse primero sobre lo que Dios quiere: que la gente que no lo conoce venga a conocerlo. Esto debiera ser lo primero en mi mente y la primera cosa en mis labios.

¿Es así como tú oras?

Cuando le diste tu vida a Jesús, ¿te diste cuenta de que incluía darle tu vida de oración?

De la misma manera que asistir consistentemente a la iglesia por el propósito de Dios realineará tu voluntad con la Suya, así también lo puede hacer orar regularmente por Sus deseos en vez de los tuyos. Es maravilloso saber que Él nos ha dado esta increíble oportunidad de participar con Él e impactar al mundo en vez de dejar las cosas al azar. De hecho, es en la oración que podemos ver de nuevo el contraste entre un pagano y un peregrino:

Los paganos viven según el fatalismo; los peregrinos según la fe.

Por ejemplo, en las creencias paganas antiguas romanas y griegas, el fatalismo a menudo era representado como el Moirai (griego) o Parcae (romano), un trío de hermanas que controlaban el destino humano.[109]

Sin embargo, como peregrinos, somos llamados a vivir por la fe, no por el fatalismo. Pero, ¿de dónde viene la fe?

"Así que la fe viene como resultado de oír el mensaje y el mensaje que se oye es la palabra de Cristo."[110]

Por lo tanto, nuestra fe gira sobre aquello para lo cual tenemos fe:

Cristiano-céntrico: *Para lo que esperamos.*

Reino-céntrico: *Para lo que oímos.*

Así que, aquí está mi sexta pregunta incómoda para ti:

¿Sobre cuál de estas creencias están edificadas tus oraciones?

¿Son dirigidas por lo que esperas ocurrirá o por lo que sabes Dios quiere que hagas? ¿Estás esperando que si oras y crees suficiente fuertemente y largamente, el plan de Dios se alineará con el tuyo, o oras de tal manera que eventualmente tu vida de oración se alineará con Su plan? Para elevar nuestro *kavanah*, escuchamos Su voz para ser guiados a orar por lo que más poderosamente avanzará el Reino de Dios en nuestras vidas y nuestro mundo.

Todo esto es importante porque . . .

" . . . sin fe es imposible agradar a Dios . . ."[111]

La buena noticia es que no tenemos que ser estrellas espirituales para demostrar fe; ¡solo tenemos que creer lo que Él dice! Pero, ¿cómo sabemos si estamos creyendo lo que Él dice o solamente estamos poniendo palabras en Su boca?

Esperanza

Pregunta: *¿Cuándo es la oración menos efectiva?*

Respuesta: *Cuando lleva a una falta de fe.*

La prueba definitiva para ayudarnos a descubrir si nuestra vida de oración es más cristiano-céntrica que Reino-céntrica es preguntar cómo afecta nuestra fe en Dios. En mi experiencia, la gente más crítica u hostil contra el Cristianismo a menudo tienen algún trasfondo o conexión cristiana. Se sienten decepcionados por Dios (o por aquellos que lo representan) porque las cosas no salieron como esperaban o no recibieron lo que esperaban. Esto puede crear un círculo vicioso donde Dios no hizo lo que esperaban, así que esperaron menos y menos de Él.

Esperaban, pero no oyeron.

El origen de la palabra *esperanza* se halla en la cultura pagana. Su raíz puede ser trazada a la palabra proto-germánica *hopona*, que describe la anticipación de un fin deseado o el deseo profundo de que algo sea cierto. Sus orígenes están conectadas a las creencias fatalistas vikingas[112] and the Old Norse word:

Hopp: "brincar" o "saltar" [113]

¡La esperanza es saltar a conclusiones!

La diferencia entre la esperanza pagana y la fe de un peregrino es que la primera está basada en *lo que nos gustaría* fuera verdad, mientras que la última debe estar arraigada en *lo que sabemos* es verdad. El resultado de que un cristiano ore en esperanza en vez de fe es que esta incorrecta clase de fe puede herir nuestra parte más importante:

"La esperanza que se demora aflige al corazón . . ." [114]

Esto es un problema, ya que la Biblia nos advierte:

"Por sobre todas las cosas guarda tu corazón, porque de él mana la vida." [115]

Por supuesto, muchos factores contribuyen a que la gente abandone o renuncie a su fe, haciéndolo un asunto complejo. No deseo disminuir ninguna herida que han sentido aquellos que genuinamente han puesto su fe en Dios. Sin embargo, me gustaría resaltar tres escenarios donde una vida de oración cristiano-céntrica puede dañar nuestra habilidad de dirigir nuestros corazones hacia Dios y aún causar que nuestros corazones se alejen de Él.

Primero: Una fe *insincera*.

Hay una clase de fe cristiano-céntrica común que depende de que Dios cumpla una lista de condiciones con las que nunca estuvo de acuerdo. Esto me hace acordar a un comunicado de prensa de hace muchos años del *Chicago Tribune*. Anunciaba que la Autoridad Israelí de Parques Nacionales planeaba lo que hubiera sido la atracción turística más enigmática del mundo. Extendiéndose desde la playa del Mar de Galilea, un paseo sumergido de vidrio proveería a turistas una experiencia única.

De acuerdo al informe noticiero:

> "El puente estaría sumergido una o dos pulgadas debajo del agua en el Mar de Galilea, llamado ahora el Lago Kinneret," informaron los oficiales. "El puente no tendrá barandas de seguridad para no arruinar las fotos turísticas, pero habrán salvavidas estacionados a poca distancia."[116]

Si hubiera sido edificado, hubiera parecido que los turistas estaban caminando sobre el agua, pero, en realidad, ¡algo invisible los hubiera estado sosteniendo! Similarmente nosotros podemos aparentar estar caminando por fe, pero solo si se cumplen algunas condiciones invisibles. Estos requisitos, invisibles a otros, pueden incluir la provisión de finanzas, un fin deseado, o apoyo popular. Es posible que ni estemos conscientes de que tenemos estas condiciones . . . hasta que no se cumplen.

¿Has hecho 'contratos' con Dios con los que Él nunca estuvo de acuerdo?

Te animo que pidas al Espíritu Santo que resalte cualquier contrato invisible que hayas hecho . . . y luego, que los dejes voluntariamente. En ese proceso, tu fe será refinada. Si no lo haces, solo recuerda, por el bien de incrementar fe verdadera, ¡que es Dios el que remueve los paseos de vidrio!

Segundo: Una fe *decepcionada*.

Recientemente, me conecté de nuevo con un joven que se había descarriado aún más que yo. Después de pasar tiempo adicto a las drogas y el alcohol, compartió conmigo lo que donde se había descarriado, explicando como había seguido las enseñanzas de su iglesia:

> *"Paul, hice todo lo que me dijeron que debía hacer, pero las cosas no salieron tan bien como me habían dicho que saldrían."*

Todo lo que le habían dicho que tenía que hacer vino con la promesa de que él sería bendecido personalmente por hacerlo. Se le había llevado a creer en una versión modernizada de la antigua ley compensatoria. Fue una ilusión, y cuando Dios hizo las cosas de manera diferente a la que le habían dicho que lo haría, 'perdió' la fe. Lamentablemente, él no es el único.

"Porque llegará el tiempo en que no van a tolerar la sana doctrina, sino que, llevados de sus propios deseos, se rodearán de maestros que les digan las fantasías que quieren oír. Dejarán de escuchar la verdad y se volverán a los mitos."[117]

¡Esta es la razón por la cual debemos asegurarnos que nuestra vida de oración no sea independiente de nuestra vida de estudio!

Recuerda, tú eres responsable de tu propia religión. Una esperanza, basada sobre la clase de enseñanza que deseas sea cierta, en vez de un compromiso a estudiar lo que es verdad, puede llevar a oraciones basadas sobre las palabras de un líder en vez de la Palabra de Dios. Cuando Dios no las contesta, lucharemos con diferenciar al líder del Señor, y en el proceso de rechazar al líder, podremos también rechazar al Señor.

Tercero: Una fe *desilusionada*.

¿Si hubieras conocido a Jesús en el primer siglo, te hubiera gustado?

A veces me pregunto si me hubiera gustado. Jesús enfadó a mucha gente porque no hizo las cosas como esperaban que las hiciera. Él me enfadó cuando perdí a muchos seres queridos demasiado pronto. Por ejemplo, el padre de mi padre, un abuelo al que especialmente amaba, vivió una vida difícil. Era huérfano y, después de vivir a través de la Gran Depresión y dos Guerras Mundiales, perdió a su hijo mayor en un accidente de avión. Cuando estaba muriendo de cáncer, me escribió una carta contándome de su temor de la muerte y, solo días antes de que tuviera una segunda oportunidad de llevarlo a Jesús, murió. Me sentí terrible. Pocos años más tarde, mi madre, una maravillosa y muy respetada mujer, también falleció a causa de un diagnóstico equivocado que permitió que el cáncer tomara su vida.

Créeme, entiendo como el dolor puede convertirse en un resentimiento.

Sin embargo, estamos acusando al delincuente equivocado. ¿Por qué acusamos a Dios por el mal que claramente cae a los pies del diablo? Quizás el truco más grande del enemigo es convencernos que su obra es la obra de Dios y viceversa. Hay mucho vicio en lo que el diablo dice, pero estoy aprendiendo que pasar tiempo en la Palabra de Dios y buscar lo que está en Su corazón me protege de las artimañas del diablo.

> *"Porque nuestra lucha no es en contra de seres humanos, sino contra poderes, contra autoridades, contra potestades que dominan este mundo de tinieblas, contra fuerzas espirituales malignas en las regiones celestiales."*[118]

Dios ha puesto el potencial para violencia en todos nosotros. No es un error; es solo que a veces es dirigido incorrectamente. Así que cuando murió mi abuelo, fui en un viaje misionero y peleé una batalla, pero cuando murió mi mamá, comencé un movimiento y fui a la guerra.

Mi pregunta es esta: ¿Te unirás a mí?

Oír

Pregunta: *¿Cuándo es más efectiva la oración?*

Respuesta: *Cuando lleva a mayor fe.*

Como sabemos, la fe viene por el oír. Comenzamos con un poco de fe, y si nuestras oraciones están alineadas con la voluntad de Dios, Él responderá, y veremos los resultados. Entonces, siendo testigos de su fidelidad, somos inspirados a orar con mayor fe para cosas mayores. Se convierte en un ciclo positivo, repitiéndose constantemente, y la Biblia describe esto como 'confianza.'

> *"Esta es la confianza que tenemos al acercarnos a Dios: que, si pedimos cualquier cosa conforme a su voluntad, él nos oye. Y si sabemos que Dios oye todas nuestras oraciones, podemos estar seguros de que ya tenemos lo que le hemos pedido."*[119]

La fe 'corregida' lleva a más fe y, a medida que vemos a nuestro Padre responder las oraciones de nuestro pasado, quizás hallemos más fácil creer en Él en el futuro. A medida que lo hacemos, esta fe creciente le agrada, y Él la reconoce de una manera muy especial . . .

"Abram creyó al Señor y el Señor se lo reconoció como justicia." [120]

Entonces, si la clave no es la *cantidad* de fe sino la *asimilación* de nuestra fe, ¿cómo conformamos nuestras oraciones para incrementar la clase de fe que agrada a Dios? Hay muchas maneras, pero déjame sugerir tres pasos prácticos.

Primero: Una *petición* transformacional.

La ciencia no es anti-fe: sino que afirma lo que Dios ha dicho anteriormente. Sin embargo, a menudo llega tarde a la fiesta. Por instancia, durante siglos se creyó que la siguiente instrucción era imposible:

"No se amolden al mundo actual, sino sean transformados mediante la renovación de su mente. Así podrán comprobar cómo es la voluntad de Dios: buena, agradable y perfecta." [121]

La idea de que podíamos 'renovar nuestras mentes' era, en una época impensable. Luego, los científicos finalmente descubrieron la neuroplasticidad, la habilidad de la mente de formar y reconstruir las vías neurales. [122] Al hacer esto, los estudios confirmaron lo que la Biblia había enseñado durante dos milenios. Nuestras mentes no son tan estáticas como pensábamos anteriormente, ¡nuestra manera de pensar puede cambiar!

¿El secreto? La repetición.

"Hermanos, sigan todos mi ejemplo y fíjense en los que se comportan conforme al modelo que hemos dejado." [123]

La palabra griega que se usa aquí para 'modelo' es fascinante.

Tupos: un dado, estampa, cicatriz; forma, algo creado por golpes repetidos [124]

Si escogemos constantemente pensar de cierta forma, eventualmente será natural. Es por esto que Jesús recomienda que nuestras oraciones siempre deben priorizar la siguiente petición:

"Venga tu reino. Hágase tu voluntad . . ." [125]

Al decidir poner sus propósitos primero en nuestra vida devocional, nuestras oraciones se alinearán con Su voluntad. No solo eso, pero entre más usemos esta nueva vía, más reconstruiremos nuestro pensamiento en general y, por lo tanto, nuestras elecciones. ¿Qué tan bueno sería eso? La oración es el lugar donde ser transformado por Él, ¡y el beneficio más significativo no es provisión ni dirección, sino transformación! La oración cambia las cosas, pero más que todo, ¡la oración cambia a la gente!

Segundo: un *oído* entrenado.

La oración no se trata solamente de hablar sino también de escuchar. Reconocer Su voz es un don que requiere práctica. La prudencia es necesaria porque cuando creemos que oímos Su voz, no debemos saltar a conclusiones. Después de todo, puede ser una de tres opciones.

Podría ser *imaginación*, *manipulación*, o *revelación*.

Al final, para saber si lo que ha entrado en nuestras mentes es de Dios, necesitamos el don espiritual de discernimiento, que viene de tiempo pasado en Su Palabra y Su presencia. Sin embargo, déjame sugerir tres principios que he hallado beneficiosos en entrenar mi oído a escuchar la dirección del Espíritu Santo. Por favor note que estos no tienen la intención de ser una guía infalible, pero son herramientas que me ayudan a descifrar lo que oigo cuando estoy escuchando a Dios.

Podría ser *imaginación* . . .

Podría no ser exactamente incorrecto, pero podría distraerte de lo que Dios en realidad quiere decir. Ha sido de ayuda notar si lo que estoy oyendo es ambiguo o puede ser probado. Cuando ha sido Dios, a menudo contiene algo que solo Dios hubiera sabido o hubiera sabido hacer.

Podría ser *manipulación* . . .

Puedes estar tan desesperado por oír decir algo a Dios que esencialmente 'tú haces' que lo diga, por instancia, ignorando todo lo que no sirve tu propósito. Para evitar esta tentación, noto si lo que oigo confirma o contrasta con lo que sé por cierto que Él ha dicho previamente. Recuerda, Dios usa la repetición. Aun cuando habla en un formato nuevo, algo familiar en Su mensaje se conectará con algo que ya sabes es verdad.

Podría ser *revelación* . . .

Una indicación de que estás oyendo a Dios es que revelará algo que avanza al Reino aun más de lo que podías lograr antes. Estará en línea con la Biblia, en línea con Su carácter, y podrá quizás revelar una respuesta a la pregunta:

"¿Qué puedo hacer que más avance el Reino de Dios?"

Cuando todo lo demás falla, he aprendido una prueba definitiva: El Espíritu Santo nunca te llevará a romper Su Palabra o tu palabra, y si Dios te está hablando, debes actuar, ya que es mejor no oír la voz de Dios que oírla e ignorarla.

Tercero: Una *sensitividad* confiada.

Finalmente, déjame contarte la lección que aprendí de uno de los primeros milagros que ví. En marzo de 1988, estuve a 20 pies de una mujer que se levantó de su silla de ruedas después de sufrir 25 años de agonía de su espina dorsal. La prensa sensacionalista en Inglaterra cubrió la sanidad extensivamente mientras que la comunidad médica estaba anonadada.[126] El doctor Colin West, un médico judío, lo caracterizó como "increíble."

¿Pero qué me enseñó?

Fui testigo de ese milagro con amigos que estuvieron atónitos por lo que experimentaron pero ahora están descarriados. A mi conocimiento, nadie negaría lo que vimos, pero aprendí que lo sobrenatural, aun la dramática intervención de Dios no es garantía de crecer en nuestra fe.

Jesús sabía esto cuando suspiró profundamente y dijo:

"¿Por qué pide esta generación una señal milagrosa? Les aseguro que no habrá ninguna señal." [127]

Si necesitamos señales constantes para mantener viva nuestra fe, ¿qué nos dice eso de nuestra confianza en Dios? La revelación sin una relación es la marca de una religión pagana. Consecuentemente, he aprendido que tengo que ser sensitivo al Espíritu en mis oraciones en vez de buscar señales y milagros. La influencia de evidencia circunstancial disminuye a través del tiempo, pero el Espíritu Santo es una poderosa ayuda en mantenerse en el camino correcto. A causa de Él, es difícil que nosotros como hijos de Dios seamos engañados a no ser que queramos serlo. Por lo tanto, si tú estás preparado para seguir a Su Espíritu fielmente, es más probable que Él confíe en ti con lo que dice. ¡Quizás comiences a oírlo más a menudo de lo que lo oías antes!

Entonces, si las señales no son la mejor manera de recibir revelación, ¿cuál es?

Resumen

Nuestra oración gira sobre lo cual para lo que tenemos fe:

- Cristiano-céntrico: *Para lo que esperamos.*
- Reino-céntrico: *Para lo que oímos.*

Somos llamados a vivir por fe, no por el fatalismo, y a través de la oración, participamos con Dios poniendo Sus propósitos primero. De esta manera, también reconstruimos nuestra manera de pensar para ser más Reino-céntricos. Por lo tanto, para elevar nuestro *kavanah*, oímos Su voz, para ser guiados por lo que más poderosamente avanzará el Reino de Dios en nuestras vidas y en nuestro mundo.

Comenzamos preguntando: ¿Sobre cuál de las dos creencias están edificadas mis oraciones?

Reflexión

Considera lo siguiente:

- ¿Se ha hecho insincera mi fe?
- ¿Se ha hecho decepcionada mi fe?
- ¿Se ha hecho desilusionada mi fe?

Respuesta

Descarga la guía en kingdom-centric.com para:

- Asimilar una vida de oración transformadora.
- Cultivar un oído entrenado.
- Desarrollar una sensitividad confiada.

Explora recursos adicionales:

- Libro: *Kingdom Patterns: Discovering God's Direction*
- Video: Canal YouTube Pais Movement, *Kingdom-Centric Series*

07 | Llamado

Lekh lekha

Meta

Creo que mudarnos a los Estados Unidos en el 2005 fue el Plan B de Dios.

Hace muchos años, como un líder jóven, tuve el honor de encabezar la transformación de una pequeña iglesia inglesa que había sufrido numerosos desafíos. La oportunidad surgió cuando mi pastor, Harry Letson, y yo reconocimos que la organización que yo lideraba requería una nueva sede. El número de personal y aprendices dentro de Pais había sobrepasado la capacidad de la iglesia que lo había lanzado. Por lo tanto, una congregación local a la que Harry había estado ayudando ofreció su edificio grande pero en deterioro para suplir esta necesidad, bajo la condición de que yo asumiría el liderazgo de la iglesia.

¡Los siguientes cinco años fueron una montaña rusa!

Después de algunas dificultades iniciales (como la semana que cambié el nombre de la iglesia pero olvidé decírselo a la congregación), comenzamos a impactar nuestra comunidad. Conté un poco de la historia en el capítulo dos, explicando como colaboramos con varias agencias y vimos transformación espiritual y social en el vecindario. Esto atrajo la atención del gobierno local, quien ofreció edificarnos una instalación nueva a cambio de nuestra propiedad vieja, con goteras y que necesitaba mucho mantenimiento. Su contrato venía con una condición: que extendiéramos nuestro trabajo a la comunidad.

También fue el catalizador para un plan audaz en el que había estado trabajando.

Siendo un 'chico local,' yo tenía buenas relaciones con los líderes de congregaciones en mi zona de Manchester, particularmente cuatro iglesias pequeñas pero trabajadoras luchando por hacer el impacto que merecían. Yo admiraba a cada uno de los líderes de esas iglesias, y los cuatro me animaron y me apoyaron en nuestro trabajo en la comunidad. Quizás no se veían a sí mismos como 'visionarios,' pero cada uno tenía una habilidad o pasión particular que yo sentía era poco valorado o utilizado. Se hizo claro que podríamos ser más fuertes juntos, así que se desarrollaron conversaciones acerca de una idea bastante radical.

Combinaríamos las iglesias por el bien del Reino de Dios.

Nuestro nuevo edificio multipropósito reuniría a las cinco congregaciones un Domingo para inspirar y entrenarlos. Los cuatro edificios restantes se convertirían en centros misioneros, cada uno replicando la obra transformadora que estábamos haciendo. Los otros pastores y yo juntaríamos nuestros dones y pasiones particulares, y por ende la congregación combinada beneficiaría de los dones holísticos de un equipo de líderes en vez de un individuo. Mi papel sería liderar la obra en general, trayendo visión y estrategia, y juntos crearíamos un modelo práctico de una versión experimental de la iglesia local. ¡Era una estrategia fascinante, y aunque solamente estábamos en la etapa de planeamiento, nuestras ideas comenzaron a derramarse en algunos de los miembros de nuestra iglesia, dando empuje a un sentimiento creciente que habían nuevas posibilidades por delante!

Cuando mi equipo recibió los diseños del nuevo edificio del gobierno local, nos preparamos para implementar la visión. Sin embargo, como dicen, 'el diablo está en los detalles.' Cuando se le hizo más aparente a cada líder como nuestro plan cambiaría su papel y sus responsabilidades, algunos desistieron de la idea.

Fue un día muy triste cuando decidimos, amigablemente, que no iba a funcionar.

Mientras todos se re-enfocaban en sus iglesias, recibí una petición de los Estados Unidos que ofrecía una oportunidad de crear un modelo práctico de la visión Pais para comunidades de jóvenes, moviendo nuestra sede global a Texas. Se me presentó la idea de que al hacer esto, la iglesia nos ayudaría a ampliar la visión de Pais en forma global a través de sus redes de conexión. Después de varios meses de oración y discusión con el equipo de la iglesia que estábamos liderando, Lynn y yo decidimos tomar ese paso.

Por supuesto, la idea de que Dios tiene un 'Plan A' y un 'Plan B' puede ser discutida. Pero parece que porque una puerta se cerró, Dios abrió otra. Y yo sospecho que si el 'Plan A' hubiera salido adelante, todavía estaríamos en el RU hoy.

¿Pero por qué importa?

¿Qué tan aferrado está el propósito de Dios para nuestras vidas a una visión particular?

Con mi entendimiento inicial de la naturaleza del llamado de Dios, el hecho que se desmanteló el Plan A puede haberme dejado preguntando: "¿Fracasé en el propósito de Dios para mi vida?" y "¿Podré alcanzar el potencial que tenía una vez?" Esto es en parte porque yo veía la visión, o el llamado, como una meta, lo que suscitó preguntas como:

"¿Señor, dónde debo ir?"

"¿Señor, qué debo hacer?"

"¿Señor, a quién debo ir?"

Dentro de todo, cualquier respuesta que recibiera iba a ser ambigua. Quizás eso es porque es difícil dar una buena respuesta a una pregunta pobre. Y la clase de pregunta que yo hacía a menudo no alcanzaba la verdadera intención de ninguna visión que Dios tenía en mente. Quizás tú también estás buscando claridad sobre el propósito de Dios para tu vida, deseando una meta particular en la cual enfocarte. Puede ser un edificio, un número, un lugar, o un proyecto. El problema es que estas metas pueden ser a veces creadas por el hombre y causan que cualquier llamado divino se convierta en . . . cristiano-céntrica.

En contraste, el llamado de Dios sobre mi vida no se altera si estoy en Inglaterra o los Estados Unidos porque he llegado a entender . . .

La visión es vista mejor no como una *meta* sino como un *tema*.

Temática

Yo creo misioneros.

Esa es mi temática. Y por lo tanto, no importa donde estoy. No está restringido a un lugar o un tiempo particular. Puedo y debo crear misioneros dondequiera y con quien sea. Es la manera en que mejor puedo mostrar mi amor a Dios porque, con el don que Dios ha desarrollado en mí a través del tiempo, es la manera más efectiva en que puedo darle lo que Él quiere.

¿Entonces, cuál es tu temática?

En el Antiguo Testamento, el Espíritu Santo cayó sobre una cantidad limitada de personas por una cantidad limitada de tiempo. Pero fue profetizado que, en el futuro, Dios derramaría Su Espíritu sobre todos Sus seguidores, y todos recibirían visiones y sueños.

> *"Después de esto, derramaré mi Espíritu sobre todo ser humano. Los hijos y las hijas de ustedes profetizarán, tendrán sueños los ancianos y los jóvenes recibirán visiones. En esos días derramaré mi Espíritu aun sobre los siervos y las siervas."*[128]

Esta profecía fue cumplida en Pentecostés y nos recuerda que, aun si nuestra creencia en Dios titubea de vez en cuando, ¡Él consistentemente cree en nosotros! Al hacer esto, Él tiene la intención de darle a todos Sus hijos sueños y visiones para avanzar Su Reino.

¡Eso te incluye a tí!

Pero recibir esa visión puede ser más compleja de lo que pensamos. Aunque nosotros deseamos dirección tangible, Dios, en Su sabiduría, no siempre está dispuesto a hacerlo. Por ejemplo, cuando Pedro y Andrés fueron llamados a ser Sus discípulos, mira como Jesús les presentó la idea:

> *"'Vengan, síganme - dijo Jesús -, y los haré pescadores de hombres."*[129]

Eso no es muy específico. No se menciona un lugar, un tiempo, o un número.

El llamado de Dios puede *parecer* directo; por instancia, Jonás fue enviado a una ciudad particular,[130] y Moisés fue dado un proyecto claro.[131] ¿Pero fueron en realidad llamados, o fueron simplemente pasos de obediencia hacia un objetivo mayor? Después de todo, había flexibilidad en como Pedro, Jonás, y Moisés podían cumplir sus obligaciones, y con cada uno, detalles adicionales fueron dados más tarde a medida que continuaron la conversación de preguntas incómodas.

¿Por qué?

Para entender, desempaquemos el llamado del primer peregrino:

> *"El Señor le dijo a Abram: 'Deja tu tierra, tus parientes, la casa de tu padre y ve a la tierra que te mostraré. Haré de ti una nación grande y te bendeciré; haré famoso tu nombre y serás una bendición.'"* [132]

¡Aun cuando Dios le dijo a Abram a ir a otro lugar, no le dijo adonde ir!

Para seguir el llamado que se le había dado, Abram tendría que dejar todo y a casi todos los que conocía y amaba. Dios le dio ánimo y un indicio de quien llegaría a ser, pero inicialmente, eso era todo lo que Abram tenía para guiarlo. Que Dios quiera tanto de nosotros pero sea tan impreciso con Sus instrucciones parece injusto. ¿Por qué es intencionalmente ambiguo? ¿Es que no tiene tiempo de darnos los detalles específicos? ¿Es porque no somos lo suficientemente espirituales para oír Su voz más claramente? ¿O está ocurriendo otra cosa?

¡Sí, lo está!

Un proceso para la formación Reino-céntrica está escondido dentro del llamado de Abram. Viene a la luz cuando descubrimos su contexto y conectamos dos momentos críticos: cuando Dios primero llamó a Abram *y* cuando más tarde actualizó la visión.

El término hebreo usado para describir el llamado de Dios a Abram es:

> *Lekh lekha:* 'Vé. Sal.'[133]

La frase hebrea no es tan simple como 'Vé;' tiene una definición triple. Significa no solo *"Vé a ti mismo,"* pero también implica *"Vé por ti mismo.,"* y, como algunos comentaristas judíos agregan, *"Vé más allá de ti mismo."*[134] Pero para entender realmente el propósito primario de una visión dada por Dios, nota lo que ocurrió después en el peregrinaje de Abram cuando nuestro héroe recibió una 'mejora.'

"Este es el pacto que establezco contigo: Tú serás el padre de una multitud de naciones. Ya no te llamarás Abram, sino que de ahora en adelante tu nombre será Abraham, porque te he confirmado como padre de muchas naciones."[135]

Dios agregó una inicial de Su nombre divino 'YHWH' a 'Abram,' haciéndolo 'Abraham.' ¡Eso es grandemente significativo y crucial de entender! Los antiguos rabinos nos enseñan que al hacer esto, el sueño del Padre ahora se había convertido en el sueño de Abram. Al darle otro nombre a Abram, Dios reconoció que en la trayectoria, Abraham había comenzado a pensar, sentir, y creer lo que Dios piensa, siente, y cree. El corazón de Abraham se estaba alineando con el de Dios.

¡Este también es el propósito de cualquier visión que Dios te da!

Dios quiere formarte para Su propósito, y por lo tanto cualquier trayectoria en la que te pone no tiene la intención de llevarte a un lugar particular, sino de atarte a tu Padre - más específicamente, a *Sus* propósitos. De esta manera, *lo que Él quiere se convertirá en lo que tú quieres*. Y cuando eso ocurre - ¡que se prepare el mundo!

Nuestro llamado, por lo tanto, gira sobre lo que estamos enfocados:

Cristiano-céntrico: Una visión de *visión*.

Reino-céntrico: Una visión de *Dios*.

Con esto en mente, aquí está mi séptima pregunta incómoda:

¿Cuál de las dos clases de visión estás buscando?

¿Estás emocionado por Dios o solo por la visión que Él te da? ¿Es más importante para ti la visión que la búsqueda de justicia? ¿Te has hallado tomando decisiones que limitan el avance del Reino de Dios para asegurar el éxito de tu visión?

Para elevar nuestro *kavanah*, buscamos un mayor entendimiento de quien es Dios a fin de permitirle moldearnos en quien podemos ser. De esta manera, Su propósito toma precedencia sobre cualquier meta que nos hemos propuesto, y estamos dispuestos a sacrificar cualquier elemento de nuestra visión que impide el bien mayor que Dios quiere lograr.

Después de todo, ¿no sería trágico que incrementar nuestra visión limite la Suya?

Visión

Pregunta: *¿Cuándo una visión ya no es divina?*

Respuesta: *Cuando causa ceguera.*

Como veremos más adelante, Dios no te dará lo que se convertirá en Dios para ti, incluyendo un llamado específico. Puedes soñarte un llamado, pero entonces tendrás que mantenerlo con tu propia energía e ingenio. Es agotador y restrictivo. Sin embargo, cuando nuestra visión de Dios crece y todo lo que hacemos es motivado por Sus ambiciones y no las nuestras, las posibilidades no tienen fin. Entonces, ¿cómo podemos saber si hemos sucumbido a la visión de una visión?

Primero: Limita el *compromiso*.

Una visión de la visión se revela cuando estamos comprometidos con nuestra cosa propia, no la cosa entera. Toma, por instancia, el pastor de jóvenes que está dedicado a compartir su fe con los que están en su grupo de jóvenes pero nunca menciona a Jesús a su vecino. Or el músico que se prepara de antemano, practica su instrumento y llega a tiempo para los ensayos, pero llega tarde y está sin ganas cuando sirve en otra área. También puede notarse si estamos comprometidos con el llamado . . . hasta que no somos parte de eso. Aunque una vez convencíamos a otros a involucrarse, ahora cuando ya no es 'cosa nuestra,' le damos poca importancia a eso o a aquellos a quienes estábamos impactando a través de eso.

En todos estos casos, tenemos que preguntar: ¿Seguir nuestro llamado se trató alguna vez de darle a Dios lo que Él quería, o se trató siempre de cumplir nuestros propios sueños?

Segundo: Limita *conexión*.

Como un hombre jóven, pensé que las visiones solo se le daban a personas muy espirituales. Consecuentemente, esperaba que cuanto más santo me hiciera, más dramáticamente Dios me iba a hablar. Asumí que entre más grande el espectáculo, más grande la visión. ¡Me dí cuenta muy pronto que exactamente lo opuesto era cierto!

En muchos casos bíblicos, entre más dramática era la revelación que recibía la gente, más lejos estaban de la justicia. Por instancia, Saulo, luego Pablo, estaba viajando para perseguir al pueblo de Dios cuando:

> " . . . una luz del cielo relampagueó de repente a su alrededor. El cayó al suelo y oyó una voz que le decía: - Saulo, Saulo, ¿por qué me persigues?'"[136]

Si lo piensas un poco, la razón de esto tiene perfecto sentido.

Imagina si yo busco una señal de mi esposa para saber que programa de televisión más quisiera ver ella. Si se rasca la cabeza cuando entra al cuarto, yo sabría que ella quiere mirar el de remodelar casas, pero si se frota la rodilla, querría decir que está interesada en mirar cricket. ¡Eso sería una locura! Hemos estado casados por más de tres décadas, y estoy seguro que ella estaría enfadada si yo no la conociera lo suficientemente bien como para saber que quiere mirar sin alguna clase de señal de su parte!

¿Por qué sería diferente Dios?

Sí, Dios proveerá señales, pero no son como Él quiere que construyamos relaciones con Él. En vez de esto, la falta de detalles que nos da, nos invita a buscar lo que hay en Su corazón. Mientras que una visión de visión puede ser un atajo en el proceso, una visión de Dios nos llevará a intimidad y gradualmente nos conectará a Él. Esencialmente, la primera causa ceguera, pero la segunda nos une. Y entonces, a medida que he comenzado a madurar, encuentro que necesito menos señales para seguir su dirección.

Tercero: limita la *compasión*.

La compasión es permitir que tu agenda personal sea formada por las necesidades y los intereses de otros, pero una visión de visión tiende a ser duro de corazón y de mentalidad cerrada.

Por ejemplo, las últimas estadísticas muestran que el 94% de todos los cristianos comenzaron a seguir a Cristo antes de los 18 años,[137] que es cuando la gran mayoría de los jóvenes están en las escuelas. Sin embargo, ¿cuánto priorizamos el ministerio a escuelas? Si buscar el Reino de Dios fuera nuestra preocupación primaria, servir en las escuelas sería vital para la agenda de nuestra iglesia. Pero un Cristianismo cristiano-céntrico demanda que los líderes presten mayor atención a sus congregaciones, y el ministerio a las escuelas es relegado a un segundo plano.

¿La excusa? "Ese no es *nuestro* llamado."

La visión de visión está detrás del sistema operador religioso con la que me he chocado vez tras vez en los últimos 30 años, y está siendo alimentado por el incentivo de libros de autoayuda que titilan nuestros oídos y nos dicen que nos enfoquemos en lo que amamos. Mientras que reconocer lo que nos mueve puede ser una buena idea para escoger una carrera o pasatiempo, aplicarlo al llamado de Dios es engañoso. Después de todo, Jesús, el mayor de todos los visionarios, persiguió un llamado que nunca fue limitado por lo que Él quería hacer.

"Padre mío si es posible, no me hagas beber este trago amargo. Pero no sea lo que yo quiero, sino lo que quieres tú."[138]

Pablo también recordó a los santos:

"He trabajado más arduamente, he sido encarcelado más veces, he recibido los azotes más severos, he estado en peligro de muerte repetidas veces. Cinco veces recibí de los judíos los treinta y nueve azotes. Tres veces me golpearon con varas, una vez me apedrearon, tres veces naufragué, y pasé un día y una noche como náufrago en alta mar. . . ."[139]

Desafortunadamente, una visión de visión busca una excusa espiritual para camuflar su verdadera identidad; hablamos de 'no tener la paz de Dios', pero en realidad lo que queremos decir es que no queremos estar incómodos. A medida que se infiltra el mundanismo en nuestra versión de santidad, comenzamos a creer que cualquier cosa que se siente mal no puede ser Dios, y resentimos que se nos pida hacer lo que avanza el Reino de Dios si no cabe dentro de *nuestra* visión. En vez de esto, la verdadera visión, la clase divina, siempre será más grande que tú. Te estirará a ver más allá de ti mismo ¡porque Dios nos ha llamado a algo más grande que cualquiera de nosotros!

Con eso en mente, exploremos ese llamado mayor, sabiendo que es más seguro que reconozcamos la visión de Dios para nuestras vidas cuando entendemos su verdadero propósito.

Dios

Pregunta: *¿Cuándo se hace ilimitable la visión?*

Respuesta: *Cuando deja de ser un mandato.*

Tal como el llamado de Abram fue temático, permitiendo que él sea el padre de muchas naciones, cuando nuestra visión deja de ser restringida por un tiempo, lugar, o persona, ¡tu habilidad de avanzar Su Reino será ilimitable! Por lo tanto, ¡la cosa más significante que harás puede ser la cosa que nadie te dice que hagas!

> *"Si alguien te obliga a llevarle la carga una milla, llévasela dos."*[140]

Nadie me dijo que comenzara el Movimiento Pais. Mi necesidad de alcanzar a los que estaban en las escuelas fue motivada por una consciencia del dolor que Dios siente cuando aquellos que Él creó están perdidos de Él. Y es mantenido por mi amor por Él, no por mi amor por lo que hago por Él. De hecho, ¡he notado que los que aman mejor a la gente son los que aman a Dios más que a la gente!

Por lo tanto, me he dado cuenta de que no necesito una mayor visión de visión; necesito una mayor visión de Dios, y necesito 'ir' por las razones reveladas en las tres fases de *lekh lekha*.

Primero: *"Vé a ti mismo."*

Irónicamente, si te enfocas en Dios, te encontrarás con tu ser real.

Puede haber mucho más del carácter de Dios dentro tuyo de lo que te das cuenta, y si tu viajas hacia Dios en vez de una meta, descubrirás el tú original al que Él quiere que regreses. Esta verdad fue encapsulada por el autor A.W. Tozer,[141] quien escribió:

> *"Lo que viene a nuestras mentes cuando pensamos en Dios es lo más importante acerca de nosotros mismos."*[142]

Esto, él declaró, es porque quien tú crees que Dios es, tú gradualmente eres para otras personas. Vemos esto con los fariseos, que veían a Dios como un juez y juzgaban a la gente, y también con los zelotes que veían al Mesías como una figura guerrera y se convirtieron en guerreros de libertad. Similarmente, me pregunto si la manera en que yo trató a la gente resulta de como entiendo a Dios. De cualquier manera, entre más clara mi visión de Dios, más cerca estoy de ser la persona que Él me creó para ser, y más reflejaré Su naturaleza y bondad de la manera en que Él sabe que puedo.

No solo eso, sino que también creeré en lo que Él dice de mí. Cuando inicié mi trayectoria, luché con la duda. No estaba seguro de poder hacer lo que Dios quería que hiciera. Nunca fuí uno de los chicos populares y fuí expulsado de la escuela a los seis años por morder a mis compañeros. Tuve varios apodos que resaltaban mi pequeño impedimento del habla, pero a medida que creció mi entendimiento de Dios, me dí cuenta que, *"Dios escogió lo tonto del mundo para avergonzar a los sabios."*[143] Y mi entendimiento más claro de Dios me dio una imagen más clara de quien Él me había llamado a ser.

También es importante notar que no se nos da visión porque somos perfectos, sino para perfeccionarnos. Esto es obvio al mirar a los jóvenes que Jesús escogió para ser Sus discípulos:

"Luego lo llevó a Jesús, quien lo miró y dijo: —Tú eres Simón, hijo de Juan. Serás llamado Cefas —es decir, Pedro."[144]

De nuevo, se le da un nuevo nombre a un hombre imperfecto, y descubre más de Su verdadera identidad.

Segundo: *"Vé más allá de ti mismo."*

Si tu meta es conocer a Dios en vez de simplemente saber lo que Él quiere que hagas, descubrirás que enamorarte de Él te impulsará a ir más lejos de lo que pensabas que podías.

Este fue el caso en el llamado de Moisés:

" . . . el ángel del Señor se le apareció entre las llamas de una zarza ardiente. Moisés notó que la zarza estaba envuelta en llamas, pero que no se consumía.."[145]

El milagro lo frenó y fue seguido por una conversación incómoda cuando Dios le dió a Moisés la siguiente instrucción:

"Han llegado a mis oídos los gritos desesperados de los israelitas y he visto también cómo los oprimen los egipcios. Así que disponte a partir.

Voy a enviarteal faraón para que saques de Egipto a los israelitas, que son mi pueblo." [146]

Moisés aún se resistió; el milagro no lo cambió, y después de citar varias excusas, ¡hasta le pidió al Señor que enviara a otro! Sin embargo, años más tarde, Moisés estaba tan cambiado por la trayectoria que, cuando los israelitas eventualmente se rebelaron, él hizo una de las peticiones más Reinocéntricas de la Biblia . . .

"Volvió entonces Moisés para hablar con el Señor y le dijo −¡Qué pecado tan grande ha cometido este pueblo al hacerse dioses de oro! Sin embargo, yo te ruego que perdones su pecado. Pero si no vas a perdonarlos, ¡bórrame del libro que has escrito!'" [147]

Traducido aproximadamente: "¡O rescátalos a ellos del infierno, o si no lo haces, mándame a mi también!"

De nuevo, como Abram, Moisés llegó a estar tan conectado a la naturaleza del Padre, tan sintonizado con su corazón, que estaba preparado para exceder lo que se esperaba de Él.

Tercero: *"Vé por ti mismo."*

Una visión de Dios es ves de una visión de visión te llevará a una recompensa mucho mayor de lo que te imaginas, una que se enfoca en las recompensas del cielo y va mucho más allá de las esperanzas de cualquier búsqueda terrenal que Dios te pueda dar. Vivir por estas cosas puede traerte mucho mayor gozo y, como el gozo del Señor es nuestra fuerza, también trae perseverancia. Pero lamentablemente, a veces podemos perdernos la llenura de los que Dios tiene para nosotros a causa de pensamientos incompletos, como el dicho:

"¡Hay un hoyo en todos nosotros que solo Dios puede llenar!"

Esta declaración nos enseña que, aunque las búsquedas mundanas no pueden llenarnos, nuestro Padre celestial puede hacerlo. Mientras capto el sentimiento, no es completamente verdad. La realidad es que:

"Hay un hoyo en todos nosotros que aun Dios no puede llenar . . . en esta vida."

¿Por qué? De acuerdo a la Palabra de Dios:

> *"Dios . . . puso en la mente humana la noción de eternidad, aun cuando el hombre no alcanza a comprender la obra que Dios realiza de principio a fin."*[148]

Dios ha puesto algunos deseos dentro de ti que solo serán realizados en la próxima vida. Adoptar una mentalidad más Reino-céntrica puede hacer que nos sintamos *menos* llenos en lo que ofrece esta vida, pero nos alinea con la visión de Dios para un Reino más allá de lo que podemos ver. El beneficio es que, si nuestro llamado nos lleva a sentir lo que Él siente, pensar lo que Él piensa, y querer lo que él quiere, gradualmente experimentaremos el deleite que Él tiene cuando Su Reino avanza y aquellos a quienes Él ama regresan a Él.

¡Imagínate sentir gozo como Dios siente gozo!

Finalmente, seguir una visión de Dios es mucho mejor que seguir una visión de visión, porque aun un visión dada por Dios puede llevar a la desilusión cuando no sale tan bien como esperamos. Y a veces, parece salir de veras muy mal . . .

Resumen

Nuestro llamado gira sobre lo que estamos enfocados:

- Cristiano-céntrico: *Una visión de visión.*
- Reino-céntrico: *Una visión de Dios.*

La visión es más una temática que una meta y, por lo tanto, no está restringida a un lugar o tiempo particular. Su intención es unirnos a la voluntad del Padre para que Su propósito se haga nuestro propósito, y nosotros estamos dispuestos a sacrificar cualquier elemento de nuestra visión que impida el avance de Su Reino. Para elevar nuestro *kavanah*, buscamos un mayor entendimiento de quien es Dios a fin de moldear lo que somos.

Comenzamos preguntando: ¿Cuál de las dos clases de visiones me moldea?

Reflexión

Considera lo siguiente:

- ¿Mi visión limita mi compromiso?
- ¿Mi visión limita mi conexión?
- ¿Mi visión limita mi compasión?

Respuesta

Descarga la guía en kingdom-centric.com para:

- Descubrir mi temática.
- Ir la milla extra.
- Priorizar resultados eternos.

Explora recursos adicionales:

- Libro: *Kingdom Pioneering: Fulfill God's Calling*
- Video: Canal YouTube Pais Movement, *Kingdom-Centric Series*

08 | **Servir**

Ergon

Depurar

Todo lo que estábamos edificando casi se vino abajo en el 2020.

Al tiempo de escribir este libro, las memorias de la pandemia COVID-19 se están disipando. Fue un tiempo desafiante para una organización misionera fundada sobre el servicio a escuelas públicas. Después de plantar la obra hace 30 años y trabajar cada año para alcanzar a más y más adolescentes, fue un shock ver a tres cuartos de nuestros miembros regresar a sus hogares cuando los gobiernos pidieron el retorno de su pueblo, pararon los viajes internacionales, y cerraron las puertas de las escuelas. Después de invertir nuestros corazones en la obra por más de tres décadas, tomó solo días destruirla.

Durante ese tiempo, yo estaba en peligro de un problema que causó a algunos a darse por vencidos . . .

> *"La esperanza que demora aflige al corazón . . ."*[149]

Lamentablemente, algunos líderes cristianos lucharon con continuar sirviendo cuando parecía que sus sueños no se harían realidad. Se dieron por vencidos y se fueron. Quizás yo no lo hice, pero mi corazón estaba verdaderamente sufriendo. Sin embargo, lo que me ayudó fue un mensaje que había recibido de uno de mis ex-alumnos. Vino poco antes de que haya oído del COVID-19, o que supiera lo que significaba la 'distancia social,' o aun me podía imaginar un cierre global. Nunca se me había enviado algo similar, y hasta incluía un título . . .

'La Depuración'

"Justo antes de una un tsunami, las aguas retroceden. Veremos señales del retroceso de la presencia de Dios. Viene un diluvio. Habrán víctimas.

Habrán personas cuyo trabajo será proteger. Habrán personas que no pueden lidiar con las consecuencias (la confusión) y escogerán irse con la ola de agua. Habían seres celestiales que fueron enviados a ayudar a las víctimas. Como seres celestiales, nosotros podíamos respirar en el agua. Pero todo lo que no era de Dios fue quitado. Las víctimas serán las personas que han estado viviendo vidas dobles. Todo lo que no sea de Dios será quitado. Quedarán pocos para reconstruir. Pero después. Todo era blanco y puro. Hay algunas víctimas que se quedan para enseñar a otros. Los que eran protectores guiarán cuando las aguas pasen. En la confusión habrá amor y cuidado."

Cuando llegó, no tenía ningún sentido. No solo era abstracto en su contenido, pero su tono fatalista era completamente opuesto al crecimiento acelerado que estábamos experimentando. De hecho, acababa de reunirme con mi directiva para informarles que las cosas iban muy bien. Así que, cuando leí el mensaje, no le dí importancia, lo olvidé, y lo dejé a recolectar polvo. Sin embargo, cuando estalló el COVID-19, y las ramificaciones fueron evidentes, ¡no solo me acordé del mensaje, sino que comencé a verlo ocurrir!

Aún a pesar de una crisis de proporciones épicas, ninguno de nuestro equipo global o de nuestros directores nacionales renunciaron, a parte de una pareja a los que se les vencieron las visas. Sin embargo, fue diferente para los que recientemente habían venido a ser entrenados como aprendices en nuestro programa pos-secundario.

Lo que les ocurrió a ellos fue muy interesante.

Durante el cierre, cuando las escuelas estaban cerradas y el 75% de los aprendices fueron forzados a regresar a sus casas, nuestro departamento de entrenamiento rápidamente creó un programa de mentoría en línea. Esto permite que los que están siendo entrenados continúen remotamente el trabajo para aquellos a quienes estaban ayudando en persona. La mayoría acogió la oportunidad, y continuaron sirviendo a adolescentes que ahora, más que nunca, necesitaban el ánimo y la dirección. Sin embargo, algunos decidieron no continuar. Una vez que regresaron a sus casas, se olvidaron de aquellos a los que habían dicho se sentían llamados a servir.

Usé la palabra 'interesante' y no 'sorprendente' porque este segundo grupo no me sorprendió. Por años, nos hemos dado cuenta de que hay dos clases de personas que participan de nuestro programa de aprendices. Estoy seguro de que ambos aman a Jesús, pero una clase se hace más Reino-céntrica que la otra. La mayoría participa con la meta de servir a Dios, con el agregado de viajar a otras partes del mundo. Una minoría participa con la meta de viajar a otras partes del mundo, con el agregado de servir a Dios. La pandemia depuró a nuestra organización de este segundo grupo ¡quiénes dejaron caer como ladrillos a los jóvenes cuando se les quitó la experiencia de viajar!

Aunque recibir 'La depuración' me aseguró que Dios tenía un propósito dentro de lo que estaba ocurriendo, me dejó con una ardiente pregunta: ¿Podría esto contener la clave del por qué tantos cristianos aún están esperando una revolución espiritual?

Revolución

¿Qué es lo que está impidiendo la expansión del Reino que estamos esperando ver?

El hecho de que tú estés o no experimentando personalmente crecimiento espiritual, la realidad es que mundialmente un porcentaje menor de la población está siguiendo a Jesús, y las proyecciones para el 2050, provistas por el Pew Research Center, muestran que esta preocupante tendencia se está acelerando.[150]

¿Por qué?

Muchas echarán la culpa a los pies del diablo, y hasta cierto punto, tienen razón. Sin duda es verdad que el pecado dentro de la humanidad ha causado que la gente rechace la verdad.

> *"El dios de este mundo ha cegado la mente de estos incrédulos, para que no vean la luz del glorioso evangelio de Cristo, el cual es la imagen de Dios."*[151]

Sin embargo, debe haber más de la historia porque Jesús prometió:

> *". . . edificaré mi iglesia y las puertas de los dominios de la muerte no prevalecerán contra ella."*[152]

Si el infierno no nos puede parar, ¿puedo sugerir que uno de los desafíos más grandes al avance del Reino de Dios se encuentra no en los corazones opuestos a Dios sino en como los que están comprometidos con Él deciden servir?

Permíteme explicar.

Hace mucho tiempo, un líder de jóvenes con mucha experiencia me pidió que le asistiera en presentar seis lecciones a lo largo de seis semanas a 200 estudiantes. En ese tiempo, yo era nuevo en el ministerio y no tenía ninguna experiencia. Él me aseguró que esto no era ningún problema ya que solo me estaba pidiendo que comparta mi testimonio. La primera lección fue tan buena que el director se acercó a mi colega, pidiéndole que enseñara al doble de estudiante la próxima semana. Él respondió que no habría ningún problema, diciendo, "Paul puede enseñar a una mitad del grupo mientras yo enseño a la otra . . . ¿no es cierto que puedes, Paul?"

Tomado de sorpresa, asentí con la cabeza.

Se me aseguró que recibiría un conjunto completo de apuntes y sería entrenado de antemano. La semana siguiente, no recibí entrenamiento y solo quince minutos de material para la presentación de una hora. Tuve que crear el resto del plan independientemente, comenzando de cero. La semana después, me informó que él no podía comprometerse con el resto de la serie y me preguntó si yo podía continuar por él. Esto me requeriría crear y presentar material nuevo por cuatro semanas más. Se me darían los títulos de las lecciones pero nada de contenido. ¡Yo no estaba entrenado, estaba mal equipado, y estaba aterrorizado! ¿No lo estarías tú?

Pero lo que me vino a la mente fue esto:

"Si no les cuento a estos estudiantes acerca de Jesús, ¿quién lo hará?"

Y entonces, sin experiencia y ansioso, hice lo mejor que pude. Sin embargo, si hubiera sido criado en la presente cultura cada vez más cristiano-céntrica, quizás hubiera hecho otra pregunta . . .

"¿Es este mi ministerio?"

Sin Cristo, esos jóvenes estarían perdidos por la eternidad. Pasarían por todos los problemas de este mundo como lo hacemos todos, pero al final, no tendrían un lugar en el cielo. Por lo tanto, como seguidor de Cristo, tengo el mandamiento de compartir mi fe con ellos "sea o no sea oportuno."[153] ¿Pero está eso en el pensamiento de la mayoría de los cristianos? O, después de alimentarnos de una religión cristiano-céntrica, ¿tenemos otra prioridad cuando se trata de servir a Dios, y si es así, a qué puedo compararlo?

Quizás esto . . .

> Es como el capitán de un pequeño barco que se cruza con el Titanic. Al ver a los hombres, mujeres, y niños que se están ahogando en las oscuras y heladas aguas, comienza a acercarse a ellos. Luego para. "¡Un minuto!" él piensa. "¿Qué clase de barco tengo? ¿Es un barco pesquero? ¿Podría ser un barco remolcador? ¿Quizás sea un barco de paseo?" Y mientras él se está preguntando qué clase de vehículo es, la gente se ahoga en una tumba de agua.

> ¿Por qué? ¡Porque se olvidó que, primero y principal, su barco era un barco!

Tú eres llamado a servir, y tu don de ministerio es solo un matiz. No es tu misión. Yo no soy llamado a liderar Pais; soy llamado, como lo somos todos, a avanzar el Reino de Dios. Liderar la organización que lidero es simplemente la manera más efectiva en que creo que lo puedo hacer.

Por lo tanto, nuestro servicio gira sobre nuestras prioridades:

> Cristiano-céntrica: Priorizamos nuestro *ministerio*.

> Reino-céntrica: Priorizamos Su *misión*.

Lamentablemente, he perdido la cuenta de las veces que he visto aplastadas las oportunidades de avanzar el Reino de Dios por aquellos que han puesto su ministerio primero.

Y entonces, aquí está mi octava pregunta incómoda para ti:

> ¿Cuáles de las dos clases de servicio toman precedencia en tu vida?

Cuando sirves, ¿eres impulsado por tu amor de darle a Dios lo que Él quiere, o por tu amor por lo que puedes hacer por Él? ¿Qué es más importante para ti: lo que logras o lo que haces? Por instancia, si se te diera una oportunidad de avanzar Su misión más efectivamente de lo que lo puedes hacer a través de tu ministerio escogido, ¿cuál oportunidad pondrías primero?

Para elevar nuestro *kavanah*, priorizamos las metas de Dios para que las habilidades que Él nos ha dado logren el propósito que Él les dió. Aunque el concepto de *kavanah* se enseña raramente en círculos cristianos, somos subconscientemente conscientes de él cuando empleamos el término 'corazón de siervo.' La frase parece apuntar al hecho de que siempre hemos sabido que la clave para el buen servicio es alinear nuestros corazones. ¿Pero cómo debemos responder a las oportunidades que nos son dadas?

Por instancia, ¿cuándo debemos decir que sí, y cuándo debemos decir que no? ¿Y cómo debemos reaccionar a las necesidades que notamos cuando no podemos suplir toda la necesidad que vemos?

Ministerio

Pregunta: *¿Cuándo es servir a Dios no servir a Dios?*

Respuesta: *¡Cuando no funciona!*

¿Qué gracia tiene servir a Dios si no le da a Él lo que Él quiere? Otro dicho popular, engañoso en el cristianismo americano es el concepto de que somos "seres humanos, no hacedores humanos" (human beings not human doings). Algunos cristianos han tomado este mantra, enfatizado dentro del existencialismo, el Budismo, y el trascendentalismo,[154] y lo han traído al cristianismo porque suena 'correcto.' Se ha convertido en una tendencia que nos provee una excusa. ¡Sí, somos justificados solo por fe, pero la fe verdadera, la que busca Dios, trabaja!

> *"Porque somos hechura de Dios, creados en Cristo Jesús para buenas obras, las cuales Dios dispuso de antemano a fin de que las pongamos en práctica."*[155]

¡La palabra griega para 'obras' se menciona 176 veces en el Nuevo Testamento!

Ergon: Trabajo. Obra. Hacer. Labor.[156]

Dios te reclutó para una labor de amor, no para ganar Su amor sino para alinearte con Él en amar al mundo. Consecuentemente, hay innumerables versículos bíblicos, parábolas, proverbios, y salmos en los que Dios se siente frustrado con aquellos que no producen resultados.[157] Por instancia, después de maldecir a un higuero por no dar higos, Jesús encapsula esto de la siguiente manera:

> *"Por eso digo que el reino de Dios se les quitará a ustedes y se le entregará a un pueblo que produzca los frutos del reino."*[158]

El autor Lois Tverberg resalta que cuando Jesús enseñaba, tenía en mente el término rabínico *hasidut*, que hace la pregunta, "¿Qué más puedo hacer para complacerte?"

> "El [antiguo[159]] *hasides* uno que va más allá de la letra de la ley en su servicio a Dios. Él hace no solo lo que se le dice, sino que busca maneras de cumplir la voluntad de Dios. Esto requiere inteligencia y planeamiento; uno debe anticipar exactamente lo que Dios quiere de él y como puede usar de la mejor manera sus propios talentos en el servicio de su Creador." [160]

Ella confirma: "Dios no tiene interés en un servicio sin motivo." Por lo tanto, antes de desempacar como mejorar nuestro servicio, permíteme dar tres sugerencias sobre por qué a veces puede ser tan ineficiente.

Primero: Nuestros *sentimientos*.

Oí una vez de una familias pudientes que tuvieron la bondad de responder a la petición de una agencia local de ayuda de cuidar a algunos hogares más pobres durante la Navidad. Cada año, estos patrocinadores eran asignados a diferentes familias quienes los llevaban a un mercado cercano para comprar los regalos, decoraciones, y comidas festivas que las familias no podían pagar. Luego, una Navidad, el mercado aceptó igualar los fondos dados por los benefactores. Así que, la agencia les dijo a los donantes, "¡Grandes noticias! En vez de llevar a las familias al mercado, por favor contribuyan directamente a nosotros. ¡Nosotros duplicaremos el dinero que nos den y enviaremos las cosas directamente a las familias necesitadas!"

Inesperadamente, muchos de los donantes dejaron de dar.

Quizás, sin darse cuenta, el propósito de dar había sido impulsado por la experiencia directa de la gratitud en los rostros de aquellos a quienes estaban ayudando. Cuando se les quitó ese sentimiento, ellos quitaron su servicio. ¿Alguna vez has hecho algo similar?

Segundo: Nuestra *posición social*.

Hace mucho tiempo, mientras estaba aconsejando a una iglesia que quería alcanzar a la juventud de su comunidad, inicié una serie de enseñanza llamada 'Mi Generación' en donde un líder voluntario y un miembro del grupo de jóvenes darían el sermón juntos. Tuve el privilegio de empezar la serie con mi hijo menor, que tenía doce años. Juntos, estudiamos la historia de Abrahám e Isaac y desempacamos sus principios. Luego, rodeado por una audiencia de sus compañeros, él se paró en el medio del salón, y juntos compartimos lo que habíamos aprendido.

Él hizo una gran labor.

Los dos descubrimos tantas cosas, y además él demostró una facilidad para la comunicación y una cierta fluidez en la entrega. ¡Él mensaje y el método tuvieron impacto! Los jóvenes fueron inspirados y motivados a compartir su fé. En las siguientes semanas ocurrieron más sermones compartidos, y el equipo planeó usar ese formato varias veces al año.

Luego, de repente, se nos pidió parar.

El liderazgo nos dijo que los jóvenes tenían que ser más maduros espiritualmente para predicar. Efectivamente, se nos instruyó dejar la capacitación en el trabajo de los jóvenes para enseñarles de la manera en que Jesús había entrenado a sus jóvenes discípulos. Sospecho que esto fue a fin de proteger la posición del ministerio 'profesional.'

Jesús encontró inseguridades similares en Sus discípulos:

"— Maestro — dijo Juan—, vimos a un hombre que expulsaba demonios en tu nombre y se los impedimos porque no es de los nuestros. — No se lo impidan — respondió Jesús —. Nadie que haga un milagro en mi nombre puede luego hablar mal de mí. El que no está contra nosotros está a favor de nosotros.'" [161]

Si nuestras prioridades están enfocadas en proteger nuestra posición y los beneficios que recibimos de ella, estarán en conflicto con la oportunidad de avanzar Su Reino más efectivamente.

Tercero: Nuestro *don*.

Disfruto del escenario. Aprecié un escenario impresionante y bien construído. Entre más grande, mejor. Me gusta la oportunidad de estar en frente de multitudes y compartir creativamente mis creencias. Hace muchos años, me encantaba tocar la guitarra en una banda de rock indie que viajaba a lugares locales y compartía el evangelio. ¡Soltamos un cassette que recibió buenas críticas y hasta teníamos nuestro propio aficionado! (Sí, uno solo.) Alrededor de ese tiempo, el Movimiento Pais comenzó a crecer, y se hizo claro que el tiempo no me permitía salir de gira y también enseñar. Aunque disfrutaba mucho más de la banda que de liderar Pais, fue muy claro que reclutar, entrenar y manejar a cientos de jóvenes misioneros, aunque estresante, me permitía ser mucho más efectivo.

Eso me lleva a una pregunta.

¿Podría el llamado de Dios involucrar dos clases de acción: el don que nos encanta usar y las habilidades que no nos gusta usar pero que hacen que lo que amamos hacer sea más efectivo? ¿Es esto lo que hace que nuestro servicio a Dios sea diferente al resto del mundo? Todos están felices con solo hacer lo que les gusta; el desafío es hacer lo que logra resultados. ¿Es esta segunda actividad lo que separa a los que están en esto para sí mismos y los que están para el Reino?

¿Qué si tomáramos las palabras de Jesús acerca del amor . . .

> *"Si ustedes aman solamente a quienes los aman, ¿qué recompensa recibirán? ¿Acaso no hacen eso hasta los recaudadores de impuestos? Y si saludan a sus hermanos solamente, ¿qué más hacen ustedes? ¿Acaso no hacen esto hasta los gentiles?"* [162]

Y aplicamos una versión parafraseada al servicio . . .

> "Si solo hacen lo que les encanta hacer, ¿qué recompensa recibirán? ¿Acaso no sugieren eso hasta los libros de autoayuda? Y si solo sirven a aquellos que les encanta servir, ¿qué más hacen ustedes? ¿Acaso no hacen esto hasta los ateos?"

Aliéntense: ¡Entre más buscamos los dones de Dios para Sus objetivos, más posible es que los recibamos! Pero cualquier otra motivación para servir a Dios, aparte de servir Su misión, será en algún momento probado por Dios y no será aprobado.

Entonces, ¿cómo podemos servirle mejor en Espíritu y en verdad?

Misión

Pregunta: *¿Cuándo es más efectivo el servicio?*

Respuesta: *¡Cuando hacer las preguntas correctas!*

Si Dios no es fanático del servicio sin sentido, la responsabilidad está sobre nosotros de determinar lo que sería más productivo. Permíteme proveer tres preguntas que me han ayudado a decidir como servirle más eficazmente.

Primero: La Pregunta del *Reino.*

Trabajo con muchos jóvenes adultos, y ellos piensan constantemente sobre lo que sigue, al punto que los distrae de su trabajo presente. ¡El lado positivo, sin embargo, es que entre más Reino-céntricos se hacen, más grande es su deseo de saber *Su voluntad* para sus vidas, lo cual es excelente! Lo que no es tan bueno, es cuando le hacen a Dios preguntas inferiores:

¿Dónde debo servir?

¿Cuándo debo servir?

¿A quién debo servir?

Como dije previamente, no estoy seguro de que Dios esté interesado en contestar esas preguntas. En vez, yo animo a los que discípulo a que hagan lo que yo llamo la Pregunta del Reino:

"¿Qué es lo más productivo que puedo hacer para el avance del Reino de Dios?"

Es una pregunta que nunca me ha fallado.

A primera vista, puedes presumir que es una pregunta que debería ser dirigida a Dios, pero es una pregunta que me hago a mí mismo primero. ¿Por qué? Porque Dios nos invita a decidir lo que damos basado en nuestro entendimiento de Él. Por supuesto, al hacer esto en el contexto de una vida de oración, nos entrenamos a saber mejor Sus intenciones en toda ocasión. Así que, en vez de esperar desesperadamente tener respuestas cuando tenemos que tomar una decisión, ¡es mejor dejar de tratar y comenzar a entrenar!

Por supuesto, la respuesta a la pregunta, *"¿Qué es lo más productivo que puedo hacer para el avance del Reino?"*, no sea inicialmente obvia. Aun así, he encontrado que si cometo un error, en tanto tome tiempo regularmente para escuchar a Dios, Él siempre ha intervenido y ha corregido mi dirección. Como he mencionado anteriormente, cuando tenemos *kavanah*, es difícil perder la voluntad de Dios a no ser que lo hagamos intencionalmente.

Segundo: La Pregunta del *Evangelio*.

Es una aberración pensar que la misión de Dios es cumplir nuestro ministerio. En vez, nuestro ministerio debe cumplir Su misión. Con esto en mente, también preguntó:

"¿Qué llevará a la mayoría de las personas al Reino de Dios?"

A mediados de los 1980, mi amigo Ian y yo, ambos dedicados jóvenes obreros, tuvimos la idea de una manera más efectiva de impactar a la juventud de la ciudad. Inicialmente, íbamos a crear una nueva clase de rutina escolar, pero gradualmente, a través del tiempo, nuestros caminos se separaron. Yo fundé Pais, e Ian entró en la política. Bajo reflexión, décadas más tarde, y después de una carrera exitosa sirviendo en el Reino Unido, Ian me envió el siguiente correo electrónico.

Querido Paul . . .

Miré alrededor a las personas que estaban amontonadas en el cuarto. Vi caras familiares, miembros del gabinete y políticos de alrededor del país. Era el 2005, y yo estaba en el número 10 de la calle Downing esperando la llegada del Primer Ministro Tony Blair. Estaba allí para celebrar el histórico tercer período que había ganado contundentemente el Partido Laboral. Yo estaba orgulloso de que había manejado las campañas de elecciones que habían asegurado algunos de los mejores resultados en el país, y sabía que mi invitación a la calle Downing para celebrar con la élite del partido solo resaltaba mi reputación creciente dentro del partido.

El ambiente era electrificante; estaban llegando a su fin meses de trabajo sin fin en las campañas, y era hora de celebrar. El Primer Ministro Tony Blair y su esposa Cherie entraron en la habitación, lentamente saludando a todos hasta que paró donde yo estaba. *"Hola Ian, que gran trabajo con las campañas. Absolutamente fantástico,"* me dijo. Después de varios tragos y sintiendo el efecto del alcohol, regresé a mi hotel. Acostado en la cama, pensé en los últimos meses y en mi conversación con Tony. Estoy seguro que estarías de acuerdo conmigo en que debería haber estado feliz y orgulloso de mis logros, pero te diré que no lo estaba. Como la mayoría de las personas que se involucran en la política, yo quería ayudar a cambiar el mundo para el bien, hacer de Gran Bretaña una sociedad más justa para todos, y aunque era muy placentero ver que nuestra política estaba lentamente haciendo una diferencia, comencé a darme cuenta de que solo un verdadero renuevo espiritual iba a cambiar los corazones y las mentes. Además, comencé a examinar mi corazón; no podía negar que había perdido mi enfoque, y mi relación con Dios había comenzado a sufrir. Recordé en mi mente y mi espíritu los días de unos veinte años atrás, cuando tú y yo soñamos, oramos, y soñamos de nuevo de lo que Dios quería hacer en las vidas de los jóvenes de Manchester. Oh, que maravilla.

El camino que escogí me llevó a conocer a Primeros Ministros, Presidentes, y miles de personas ordinarias, y mientras deseaba ver a más cristianos involucrados en la tela política de nuestras naciones, nunca se comparará a traer a alguien al Reino de Dios. Ahora estoy obsesionado con el pensamiento de que cuando muera, no quiero que mi lápida diga que tuvo tanto potencial, tanto que dar. Quiero que esa lápida diga que fue un hombre que sirvió a Dios en su generación. Así que manténte cerca a Dios, sé honesto, y sé valiente.

Tu amigo, Ian

La gente necesita más que tu buena voluntad; necesitan Su Evangelio. Así que, a fin de servirle mejor, haz la pregunta, ¿qué es la manera más eficaz en la que puedes traer a las personas a Jesús, directa o indirectamente?

Tercero: La Pregunta de *Jesús*.

Cuando escogemos servir, nos hacemos vulnerables y podemos sentir como que otros se están aprovechando de nosotros, especialmente si hacemos nuestra parte pero otros no lo hacen. Cuando ocurre esto, nuestro servicio a Dios puede ser afectado indebidamente por el compromiso de aquellos a nuestro alrededor. Podemos preguntarnos, "¿Por qué tengo que hacer, XYZ cuando otros no lo están haciendo?" Este es un camino peligroso porque, al igual que nosotros somos responsables ante Dios de nuestro entendimiento de la Biblia también somos responsables de como le servimos. No podemos usar la ineptitud, la inacción, o la indiferencia de otros para excusar la nuestra. Por lo tanto, me gustaría darte un principio para combatir esto:

¡La única persona a la que deberías compararte es Jesús, y la única persona con la que deberías competir eres tú mismo!

Con esto en mente, cuando escoges como servir, te animo a que preguntes:

"Si solo me comparo con lo que Jesús hizo, ¿qué debo hacer?"

Jesús fue estratégico, inteligente, y comprometido en servir al Padre. Ni los sentimientos, ni su posición social, ni sus dones anularon Su decisión de cumplir la misión que se le había sido asignada. Aprendió la obediencia, hasta la muerte en una cruz. Ahora, Él nos pide a ti y a mi a servir a Su lado. Algunos de nosotros hemos cumplido parte de Su misión parte del tiempo, y algunos han cumplido la mayoría de sus ministerios la mayoría del tiempo. ¿Pero imagínate lo que ocurriría si la mayoría de nosotros cumpliéramos la mayoría de Su misión la mayoría del tiempo?

¡Podríamos ver venir Su Reino!

Espero que sean de ayuda estas tres preguntas para guiarte a través de las innumerables oportunidades de servirle de la mejor manera. La mayoría serán tan pequeñas e incrementales que quizás no las recuerdes o seas apreciado por hacerlas.

Sin embargo, si eres como yo, quizás recuerdes la decisión que marcó todas las que siguieron . . .

Resumen

Nuestro servicio gira sobre nuestras prioridades.

- Cristiano-céntricas: Priorizamos nuestro *ministerio*.
- Reino-céntricas: Priorizamos Su *misión*.

Dios nos da talentos y habilidades para avanzar Su Reino. Por lo tanto, nuestro ministerio es solo un matiz, no nuestra misión. Para elevar nuestro *kavanah*, priorizamos las metas de Dios para que las habilidades que Él nos ha dado logren el propósito para el cual nos las dió.

Comenzamos preguntándonos: ¿Cuál de las dos clases de servicio priorizo?

Reflexión

Considera lo siguiente:

- ¿Los sentimientos hacen menos efectivo mi servicio?
- ¿Mi posición social hace menos efectivo mi servicio?
- ¿Mis dones hacen menos efectivo mi servicio?

Respuesta

Descargue la guía en reino-céntrico.com para:

- Responder a la pregunta acerca del Reino.
- Responder a la pregunta acerca del Evangelio.
- Responder a la pregunta acerca de Jesús.

Explora recursos adicionales:

- Libro: *The Shapes Test*
- Video: El Canal YouTube Pais Movement, *Kingdom-Centric Series*

09 | Dar

Merimnao

Patrón

¡En los 1990, mi esposa y yo tomamos la decisión financiera más significante de nuestras vidas!

Después de un año de servir en escuelas como un trabajador comunitario voluntario, el liderazgo de nuestra iglesia tomó un paso de fé de darme una modesta remuneración. Yo estuve muy agradecido porque sabía lo poco que tenía para dar nuestra congregación, y demostró su compromiso con lo que habíamos estado haciendo. Sin embargo, no era mucho dinero, y recuerdo abrir un día nuestra gaveta y darme cuenta que no teníamos suficiente para una simple comida. Me volteé a mirar a Lynn y le pregunté si ella estaba bien con la situación, diciéndole que si no lo estaba, yo lo entendería y conseguiría un trabajo secular.

Su respuesta siempre ha quedado conmigo:

"No me importa lo que den en tanto sea lo mejor que pueden hacer."

Lynn entendía el principio del Reino "Busca Primero": Dios siempre agregará a lo que es dado verdaderamente para Su propósito. Su falta de egoísmo ha contribuido a todo lo que hemos buscado hacer y se demostró en su voluntad de vivir con menos sueldo de lo que podríamos haber tenido. Su generosidad también se ha demostrado al compartirme con tantas otras personas. Durante nuestros más de treinta años juntos, nunca se ha quejado de que saliera en un viaje para avanzar el Reino y entrenar a otros a hacer lo mismo. Nada de la visión, pasión, o estrategia que tenemos hubiera dado fruto si Lynn no hubiera querido poner al Reino de Dios primero en nuestro matrimonio.

Por lo tanto, en 1992, tomamos una decisión que sería el patrón para muchas decisiones futuras. A medida que se expandió nuestro trabajo y se abrieron escuelas, nos dimos cuenta de que teníamos que reclutar a más jóvenes adultos para alcanzar a los jóvenes de nuestra comunidad.

Podíamos financiar esto de dos maneras:

Primero, podíamos cobrarles una cuota a aquellos que recibían nuestro entrenamiento, que entonces pagaría mi salario. Esta era la manera normal de enmarcar prácticas ministeriales en ese tiempo. Sin embargo, eso limitaría el número de los que podrían unirse al movimiento y por ende los jóvenes a los podríamos alcanzar.

La segunda opción era proveer nuestros entrenamientos anuales gratuitamente, dándoles entrenamiento, alojamiento, y comidas sin costo. Esto aumentaría nuestra habilidad de congregar a reclutas, especialmente entre personas de menos recursos. Para hacer esto, Lynn y yo dependeríamos de la promesa del principio de "Busca Primero" para nuestros ingresos.

Escogimos la opción dos.

Nuestra decisión fue importante porque marcó un precedente en nuestro matrimonio, animándonos a tomar decisiones futuras usando la pregunta:

"¿Dónde avanzará más el Reino de Dios nuestro dar?"

Esto se convirtió en nuestro patrón para determinar donde invertir nuestras finanzas, talentos, y oraciones. Así que, en 1992, invertimos mucho de lo nuestro en fundar el Movimiento Pais. Luego de muchos años, hemos plantado la obra en más de veinte naciones y hemos entrenado miles de aprendices e innumerables seguidores de Jesús como vivir la vida en misión. Algunos ven a Pais como una organización misionera, gobiernos lo ven como una ONG, mientras que otros pueden designarlo como un ministerio interdenominacional e internacional. Pero para Lynn y para mí, es simplemente un rebosamiento de nuestro matrimonio, una invitación a otros a unirse a nosotros en buscar primero Su Reino, y si hay algo que hemos aprendido en nuestra aventura, es esto: ¡No podemos dar más que Dios!

"Más bien, busquen primeramente el reino de Dios y su justicia, entonces todas estas cosas les serán añadidas." [163]

Hemos experimentado la provisión de Dios en formas extraordinarias y hasta muy extrañas, algunas de las que comparto en el libro y la serie de videos, *The Kingdom Principles: How to Develop Godly Character.*[164] De la misma manera que he desempacado los primeros elementos del principio de Buscar Primero, buscar Su *Reino* y Su *justicia*, permíteme ahora dirigirme a la promesa de Dios de proveer "todas estas cosas" con lo que podría aparentar ser una declaración sorprendente . . .

¡No tienes que seguir a Jesús para nada . . . excepto la salvación!

He conocido a varios creyentes infelices y muchos incrédulos felices, y tanto mi experiencia y mi entendimiento de la Escritura me llevan a concluir que ser rico, sano, o feliz no depende de ser un cristiano mucho menos de buscar primero el Reino de Dios.

Esto es intencional por parte de Dios.

Él no tiene interés en una relación puramente transaccional. ¡Nuestro Padre Celestial quiere una auténtica! Él desea una amistad en la cual nosotros le damos un desbordamiento de nuestro amor por Él, no como un pago a una máquina expendedora divina.

Digo esto sabiendo que seguir en Espíritu y en verdad tiene su beneficios . . .

Preocupación

De todas las recompensas que ofrece el *buscar primero*, la mayor es en la mente.

Como he mencionado anteriormente, la única cosa que Dios no te dará es la cosa que se convertirá en Dios para ti. Por supuesto, tú puedes poner a un lado buscar Su Reino mientras priorizas buscar un cónyuge, una casa, carrera, o éxito. Ese es el libre albedrío que Él te ha regalado. Pero la diferencia entre *conseguir* algo por ti mismo y que Dios te lo *dé* es simple:

> ¡Lo que tú vas y consigues, tú lo debes mantener, pero lo que Dios da, Él mantiene!

Por lo tanto, por el camino de 'buscar primero,' hallarás paz para tu mente, algo que Jesús intencionalmente resaltó cuando agregó la siguiente instrucción.

> "*. . . No se preocupen por su vida, qué comerán o beberán; ni por su cuerpo, cómo se vestirán.*"[165]

Al oír esto inicialmente, puede parecer poco realista. ¿No es natural preocuparse? Pero no tiene que serlo. La preocupación es un derivado del regalo de la imaginación, y el peor uso de la imaginación es imaginarse lo peor. Por lo tanto, el desafío de Jesús es un realidad un consejo muy práctico que se entiende mejor cuando examinamos el significado de raíz en el griego del Nuevo Testamento:

Merimnao: 'Dividir en segmentos, estar distraido.'[166]

Jesús estaba diciendo literalmente, "¡No te hagas pedazos!"

Cuando estamos decidiendo que dar, debemos evitar dividir nuestras mentes en dos, negociando al mismo tiempo como simultáneamente darle a Dios lo que Él quiere y asegurándonos igualmente de conseguir lo que nosotros queremos. Este conflicto, conocido como disonancia cognitiva, es imposible.[167] Lastima nuestra salud mental estirándonos en dos direcciones diferentes, y debemos decidir cual priorizaremos sobre la otra.

Jesús resaltó esto más tarde cuando dijo:

"Nadie puede servir a dos señores, pues menospreciará a uno y amará al otro o querrá mucho a uno y despreciará al otro. Ustedes no pueden servir a la vez a Dios y a las riquezas."[168]

La paz de Dios que Dios tiene para ti está basada sobre la determinación. A medida que nuestro *t'shuva* trae el *shalom* de Dios al mundo, Él nos ofrece una salud mental robusta y floreciente que está basada sobre un fundamento diferente al que ofrece el mundo. Mientras que la sociedad occidental promueve la felicidad, inspirada por Hollywood y ratificada por la Declaración de Independencia de los Estados Unidos:

"Sostenemos como evidentes estas verdades: que todos los hombres son creados iguales; que son dotados por su Creador de ciertos derechos inalienables; que entre éstos están la vida, la libertad, y la búsqueda de felicidad."[169]

Dios ofrece algo mucho mejor:

"No estén tristes, pues el gozo del Señor es su fortaleza."[170]

Podemos asumir que la felicidad y el gozo son similares, pero eso es un error.

En por lo menos una manera, son completamente opuestos.

La Felicidad es cuando lo *externo* influencia lo *interno*.

Es el resultado de lo que ocurre. Cuando ocurren cosas buenas, estamos felices, cuando ocurren cosas malas, estamos infelices. Cuando estamos bien, estamos bien, y cuando estamos mal, estamos mal, y esas emociones a menudo pueden impactar nuestro estado espiritual y mental. Esto es malo en tomar decisiones, y, como enseña la Biblia, el que opera de esta manera, *"es indeciso e inconstante en todo lo que hace."*[171]

El *gozo* es cuando lo *interno* influencia lo *externo*.

Puede ser experimentado cuando ocurren cosas buenas *y* cuando ocurren cosas malas. No está basado sobre las circunstancias sino sobre la confianza de que estamos en un buen lugar con un buen Dios. Este gozo, dado por Su Espíritu Santo y deseado por el Rey David cuando escribió, *"Devuélveme el gozo de tu salvación . . .",*[172] lleva a una fe consistente y decisiones confiadas.

Es por esto que el Apóstol Pablo pudo decir:

" . . . *he aprendido a estar satisfecho en cualquier situación en que me encuentre."*[173]

La justicia lleva a la santidad, y la recompensa de la santidad es salud total.

A medida que te alineas más con Dios y Sus propósitos se te hacen más críticos, darás sin preocupación acerca de lo que recibirás a cambio. Al hacer esto, estarás más confiado de que Él cuida de ti, y es muy posible que experimentes que las cosas funcionan de maneras inesperadas. Esto ocurre cuando Él unge una generosidad que no está manchada por ganchos para asegurar nuestra seguridad o condicional sobre la recompensa de Dios.

Consecuentemente, nuestro dar gira sobre nuestro motivo:

Cristiano-céntrico: *Damos para recibir.*

Reino-céntrico: *Recibimos para dar.*

Y entonces, aquí está mi novena pregunta incómoda para ti:

¿Cuál de las dos motivaciones impulsan tu dar?

¿Das principalmente para recompensa personal o retorno al Reino? ¿Tu generosidad está basada sobre la creencia de que si das, vas a recibir? ¿O es gratitud por lo que ya has recibido? ¿Estás dando porque piensas que te hará feliz, o estás dando a lo que mejor llevará a cabo los propósitos de Dios?

Mientras que tanto dar por beneficios propios como por los propósitos de Dios es bíblico, lo segundo está más alineado con el carácter de Dios. Así que, ¡desempaquemos ambos motivos a fin de llegar a ser la clase de dadores que le dan lo que Él quiere, de la manera en que Él quiere darnos a nosotros!

Conseguir

Pregunta: *¿Cuándo no es dar el dar?*

Respuesta: *Cuando no es lo que aparenta ser.*

Paradójicamente, entre más damos sin el motivo de conseguir, más conseguimos — ¡lo que es un poco tramposo si lo pensamos! La Biblia nos dice que es imposible agradar a Dios sin fe y la falta de fe es el corazón de una forma de generosidad enteramente cristiano-céntrica. Para evitarlo, permíteme desempacar tres señales de 'dar para recibir.'

Primero: Es motivado por *imagen* en vez de *impacto*.

¿Recuerdas como Jesús tenía un problema con el hecho de que los fariseos usaban *korban* para disfrazar sus verdaderas intenciones? También podemos agradecerle a su hipocresía frases modernas como "tocar tu propia bocina."

> *"Por eso, cuando das a los necesitados, no lo anuncies al son de trompeta,como lo hacen los hipócritas en las sinagogas y en las calles para que la gente les rinda homenaje. Les aseguro que ellos ya han recibido toda su recompensa."*[174]

Jesús se está refiriendo a la imagen de las trece cajas de madera puestas en la tesorería del templo, bajo las columnas de la Corte de las Mujeres. Estas cajas tenían embudos de bronce en forma de trompetas para llevar las donaciones a la caja,[175] y este diseño amplificaba el sonido de las monedas que eran echadas, indicando cuanto dinero estaba siendo donado. Escoger dar en estos lugares sugiere que los hipócritas tenían más interés en donde podía ser oída su generosidad que en donde podía ser mejor usada. De la misma manera, una señal de que estamos *dando para recibir* es si priorizamos nuestro dar más de acuerdo a la probabilidad de que sea reconocido que a cuan efectivo puede ser.

Segundo: Finge *generosidad* para aparentar ser generoso.

Lamentablemente, dar sin *kavanah* persistía en la iglesia primitiva.

> *"Un hombre llamado Ananías, con su esposa Safira, también vendió una propiedad. En complicidad con su esposa, se quedó con parte del dinero y puso el resto a disposición de los apóstoles."*[176]

Esta pareja fingió dar mucho más de lo que estaban dando, y el apóstol les reclamó:

> *"— Ananías — le reclamó Pedro—, ¿cómo es posible que Satanás haya llenado tu corazón para que mintieras al Espíritu Santo y te quedaras con parte del dinero que recibiste por el terreno? . . . ¿Cómo se te ocurrió hacer esto? ¡No has mentido a los hombres, sino a Dios! Al oír estas palabras, Ananías cayó muerto.."*[177]

Si continúas leyendo, encontrarás que la esposa de Ananías sufrió el mismo fin de su esposo. Su pecado no fue lo que dieron sino por que lo dieron; no fueron reprochados por lo que estaba en sus manos sino lo que estaba en sus corazones. Dios hubiera visto como justo su sacrificio si hubieran simplemente sido honestos acerca de la cantidad que dieron. Como Pedro, nosotros podemos estar inseguros de lo que estaba ocurriendo en sus mentes, pero Dios sabía. Él siempre lo sabe, y la Biblia nos recuerda, "No se engañen: de Dios nadie se burla. Cada uno cosecha lo que siembra." Es muy posible que nuestros corazones no estén en el lugar correcto si nos engañamos a nosotros mismos y a otros fingiendo sacrificar más de lo que en realidad lo hacemos.

Tercero: Mide lo que es *dado* en vez de lo que *queda*.

Los pensamientos de Dios no son nuestros pensamientos y Él mide nuestro dar de manera diferente. Vemos esto no solo en la historia de Ananías y Safira, pero es aún más claro en el siguiente ejemplo:

> *"Jesús se detuvo a observar y vio a los ricos que echaban sus ofrendas en las alcancías del Templo. También vio a una viuda pobre que echaba dos*

moneditas de muy poco valor. —Les aseguro —dijo— que esta viuda pobre ha echado más que todos los demás. Porque todos ellos dieron sus ofrendas de los que les sobraba; pero ella, de su pobreza, echó todo lo que tenía para su sustento.'"[178]

Mientras que la sociedad reconoce el valor de algo por cuanto pagamos por él, Dios identifica el valor por cuanto nos guardamos. El Rey David, un hombre según el corazón de Dios, entendía esto. Cuando mandó a realizarse un censo de Israel, cometió un pecado terrible porque las auditorías como estas se hacían por gobernantes que querían incrementar impuestos[179] y en el libro de Deuteronomio, a los reyes se les advirtió no hacer nada que pudiera beneficiarlos a expensas de su pueblo.[180] Así que, Dios envió una plaga que mató a 70.000 israelitas, disminuyendo severamente el dinero que David esperaba generar. David se arrepintió de su pecado, y Dios paró la plaga, así que David decidió edificar un altar en el lugar donde se detuvo. Cuando el dueño del terreno le dijo a David que le daría el terreno gratis, David respondió:

"Eso no puede ser. No voy a ofrecer al Señor mi Dios holocaustos que nada me cuestan. Te lo compraré todo por su precio justo."[181]

David podría haber visto el regalo de terreno y bueyes como provisión de Dios, pero él sabía que Dios no se enfocaría en lo que el rey diera, sino en lo que se guardaba para sí mismo. Esto no quiere decir que le tenemos que dar toda nuestra riqueza y posesiones a Dios. Él quiere que prosperemos y a menudo usa la riqueza, la salud, y la prosperidad para demostrar como Él cuida de Sus hijos. De hecho, Jesús solo le sugirió a una persona que diera todo lo que poseía.[182] Esto fue a causa de que el joven rico estaba tratando de negociar con Jesús. Él quería una recompensa celestial con costo terrenal mínimo, y partió su mente en dos.

Entonces, ¿qué principios vinculan a estas historias?

Todas resaltan que *dar para conseguir* es menos un acto de fe y más un riesgo calculado. Esta forma cristiano-céntrica de dar es un legado obvio de la antigua ley compensatoria que piensa que dar una gran suma forzará a Dios a hacer grandes cosas por nosotros, mientras que dar una cantidad pequeña puede traer solo una pequeña recompensa. Tú puedes creer esta teoría si preguntas, *"¿Qué tengo que dar?," "¿Cuánto se requiere?,"* o *"¿Qué garantías tendré?"* Es posible que no entiendas el sentido de dar si gastas tiempo en cosas triviales como si debes dar el diezmo de tu ingreso bruto o tu ingreso neto.

Tristemente, si la dirección de nuestros corazones está mal puesta cuando damos, la promesa de "todas estas cosas" puede hacerse insignificante. Si, Dios podrá bendecirte de vez en cuando porque Él nos llama a *probarlo, y ver si no abre las compuertas de los cielos.*[183] ¿Pero por qué estar satisfechos con una situación de caso por caso cuando el alinear nuestro corazón proveerá continua paz mental?

Las recompensas son buenas, pero hay mejores razones para dar.

Dar

Pregunta: *¿Cuándo atrae todas estas cosas el dar?*

Respuesta: *Cuando da a las cosas correctas.*

Con nuestro Padre Celestial, la intención importa, y Él quiere que seamos intencionales en nuestro dar. Él no es fanático del servicio sin motivo, así que definitivamente no le encanta el dar sin sentido. Entonces, con todas las oportunidades, necesidades y causas dignas en las cuales podríamos poner nuestro tiempo, finanzas, y talentos, ¿cómo podemos saber *por qué* dar, *cómo* dar, y *qué* dar?

Permíteme contestar esas preguntas con un proceso de tres pasos:

Primero: *¿Por qué?*

Por favor considera el dar como una *invitación*, no un *impuesto*.

Buscar *primero* el Reino de Dios es una oportunidad de participar con nuestro Padre celestial. ¡Dar es una disciplina que acumula tesoro en el cielo, no solo para que anticipemos recibirlo algún día, sino como una caja de guerra del cual Dios financia Su campaña de destruir la obra de maligno! Si tu eres apasionado de Su campaña, lo pondrás primero en tu presupuesto.

Segundo: *¿Qué?*

¡Por favor haz que el dar sea *tu* decisión, no la *de Dios*!

Yo sé que eso puede sonar contraproducente, pero por favor, óyeme.

Interesantemente, cuando Jesús nos enseñó a darnos a la búsqueda del Reino de Dios Él dio un principio en vez de una prescripción. Similarmente, en el nuevo pacto, no se nos dice que dar, sino que se nos anima a decidir por nosotros mismos:

> *"Cada uno debe dar según lo que haya decidido en su corazón, no de mala gana ni por obligación, porque Dios ama al que da con alegría."*[184]

¡En resumen . . . depende de ti!

Aquí otra vez, Jesús *nos* suplica que dirijamos *nuestros* corazones. Sin embargo en una reunión en la iglesia, a menudo se me anima a que ore acerca de cuánto debo dar. Pero, cuando lo hago, tengo la clara impresión de que Dios está preguntado:

"¡¿Por qué razón me estás preguntado a mí?¡"

Dios está lleno de gracia y, si es necesario, Él nos supervisará con claras instrucciones, como cualquier padre guiaría a un niño pequeño. Su meta, sin embargo, es que seamos más maduros y empoderados a tomar decisiones basadas en nuestro mejor entendimiento de quién es Él y de lo que Él quiere. Aunque Él nos desafiará a dar, no quiere que nos sintamos forzados por Él. Por lo tanto, una fe Reino-céntrica se da cuenta que al no ser prescriptivo, Dios nos está invitando a decidir, "¿cuánto me amas?", "¿Cuán a menudo sueñas Mi sueño?" y muy importantemente, "¿Qué valor tiene mi sueño para ti?"

Tercero: *¿Cómo?*

Por favor dale a Dios lo que *mejor funciona*, no lo que se *siente* mejor.

Recuerda que el concepto bíblico del corazón incluye nuestros pensamientos y nuestros sentimientos. Si dejas que tu corazón gobierne tu cabeza, podrías ser tentado a dar a lo que sea o quien sea que más motive tus sentimientos. Hasta podrías ser persuadido por el carisma de una persona o por una historia triste cuando Dios preferiría que demos a lo que mejor cumple Su plan. Así que, cuando estás decidiendo cómo dar, prioriza lo que tendrá el mayor impacto porque Dios quiere que dirijamos a nuestros corazones, ¡no que permitamos que nuestros corazones nos dirijan a nosotros!

Para desempacar la pregunta que hice anteriormente.

"¿Dónde avanzará más el Reino de Dios mi dar?"

Puedes usar las siguientes preguntas como un patrón para guiarte hacia dar de forma más Reino-céntrica:

¿Es valioso?

¿Esta oportunidad está alineada con los valores y el propósito de Dios, o es solamente algo a lo que me siento presionado a dar?

¿Es provechoso?

¿Es esta oportunidad la mejor manera en que mi dar puede avanzar el Reino de Dios, o es simplemente lo primero que se me ocurre para cumplir mi obligación?

¿Puede medirse?

¿Puede ser medido el fruto de que doy para ver si funciona, o estoy dando simplemente para complacer a la gente y sentirme bien?

¿Es sostenible?

¿Lo que doy va hacia una solución de largo plazo, o solamente una reparación temporal? ¿Será semilla para trabajo futuro y será multiplicado?

¡Cuando Dios dio a su Hijo, todos estos requisitos fueron cumplidos!

"Porque tanto amó Dios al mundo que dio a su Hijo único, para que todo el que cree en Él no se pierda, sino que tenga vida eterna."

Fue valioso y cumplío el propósito de Dios de amar al mundo. No solo fue provechoso, era la única manera de redimirnos de nuestros pecados. Fue medido por el número de los que creerían. ¡Y sigue siendo sustentable porque creó un movimiento que ha durado 2.000 años!

¿Pero cómo crece ese movimiento?

Bueno, ¿cuánto del trabajo de Dios puede hacer el pueblo de Dios con cien dólares? La respuesta es clara . . . el valor de cien dólares. El avance del Reino de Dios es un proceso continuo que requiere financiamiento continuo y eso requiere que seamos intencionales con lo que damos, como lo damos, y donde lo damos. ¡La buena noticia es que si damos con *kavanah*, Dios lo unge, agregando un empuje sobrenatural al trabajo que se hace con lo que damos!

En resumen, Jesús dio Su vida entera, y pide de los que Él ha reclutado que hagan lo mismo. Esto no es sorpresa porque ser un cristiano es seguir Su ejemplo. Esto ofrece una práctica final que haríamos bien en reproducir. Y para ayudarme a desempacar esto, permíteme preguntarte esto:

Cuando Jesús hacía cualquier cosa, ¿qué es lo que siempre hacía después?...

Resumen

Nuestro dar gira sobre nuestro motivo:

- Cristiano-céntrico: *Damos para recibir.*
- Reino-céntrico: *Recibimos para dar.*

Tanto dar por los propósitos de Dios como para nuestro beneficio personal son bíblicos, pero lo primero está más alineado con el corazón de Dios. Para buscar primero el Reino de Dios, seremos motivados a dar hacia lo que hará más impacto en el Reino. Para elevar nuestro *kavanah*, nos hacemos conscientes de lo que Dios más valora y damos al propósito que mejor lo logrará.

Comenzamos preguntándonos: ¿Cuál de los dos motivos impulsan mi dar?

Reflexión

Considera lo siguiente:

- ¿Soy motivado por imagen en vez de impacto?
- ¿Finjo generosidad para aparentar ser más generoso de lo que soy?
- ¿Mido lo que es dado en vez de lo que queda?

Respuesta

Descargue la guía en kingdom-centric.com para:

- Ver el dar como una invitación, no un impuesto.
- Ver el dar como tu decisión, no la de Dios.
- Ver el dar hacia lo que mejor funciona, no lo que se siente mejor.

Explora recursos adicionales:

- Libro: *Kingdom Principles: How to Develop Godly Character*
- Video: Canal YouTube Pais Movement, *Kingdom-Centric Series*

10 | Discipulado

Talmidim

Capacidad

Nací por debajo del promedio, y finalmente me dí cuenta por qué.

En prácticamente toda medida, estoy por debajo de la media. Como infante, era tan terriblemente feo que cuando mi abuela visitó el hospital el día de mi nacimiento, se acercó conmigo a una ventana para verificar mejor lo que estaba viendo. Para la angustia de mis padres, sin decir otra palabra, me puso en la cuna a los pies de la cama de mi madre, y tomó unos pocos pasos a una cuna cerca a la mía. Señalando al bebé que encontró allí, mi abuela declaró . . .

"¡O, este es bonito!"

Siempre terminaba último en las carreras de cross-country, nunca podía saltar el caballo de gimnasio, fracasé horriblemente en clases de arte, y tenía un pequeño impedimento del habla. Fui expulsado de mi primera escuela a los seis años por morder a las niñas, y cuando mis padres me llevaron a mi médico local, él proclamó:

"Sr. y Sra. Gibbs, Paul es un chico problemático y siempre lo será."

Estéticamente, académicamente, artísticamente, y atléticamente, nací por debajo del promedio. Consecuentemente, a través de los años, a menudo me he preguntado por qué Dios me escogería a mí para lo que considero ser el trabajo más importante del mundo.[185] Y por qué, habiéndome creado con este llamado en mente, no me dió mayor talento natural. Esto causa aún más confusión cuando pienso en tantas otras personas que conozco que poseen habilidades innatas superiores a las mías.

Sin embargo, mientras estaba grabando un video hace un tiempo atrás, hice un comentario no planeado que me sorprendió tanto a mí como a mi audiencia. Con una pizca de hipérbole, dije que paso el 10% de mi tiempo desarrollando ideas nuevas y el restante 90% averiguando cómo ayudar a otros a hacer lo que yo acababa de hacer.

Al decirlo, de repente me dí cuenta:

¡Yo nací *debajo del promedio* para ayudar a *personas promedio* a hacer cosas por *encima del promedio*!

Puede ser desafiante para personas innatamente dotadas pasar a otros lo que para ellos es natural. Esto es porque asumen que aquello para lo cual son dotados será fácil para todos los demás. A causa de esto, pueden no reconocer la necesidad de un proceso intencional o estructurado. Sin embargo, la ventaja de haber nacido debajo del promedio es que he sido forzado a desarrollar todas las habilidades que ahora tengo. Esto me ha ayudado a entender como guiar a otros a través del proceso por el que yo he navegado. Por lo tanto, casi todos pueden aprender a hacer lo que yo he aprendido; simplemente requiere práctica y un poco de autodisciplina.

¡Mis debilidades se han convertido en mis fortalezas!

Me encanta ser reproducido en otros las mismas prácticas y principios que Dios me ha enseñado a mí — a menudo de forma mayor. Por supuesto, todavía soy responsable por desarrollar mis habilidades, pero cada vez que mejoro en un área, también puedo ayudar a otros a mejorar similarmente. ¡Es un sentimiento increíble ayudar a alguien a abrir su potencial divino para el avance del Reino!

¡Es como ser un superhéroe! . . . Sin tener superpoderes . . . o ser un héroe..

Pero, ¿qué de ti?

> *"Por tanto vayan y hagan discípulos de todas las naciones, bautizándolos en el nombre del Padre y del Hijo y del Espíritu Santo, enseñándoles a obedecer todo lo que les he mandado a ustedes."*[186]

Jesús vino a cambiar al mundo trayendo el cielo a la tierra, y la mejor manera en que sabía hacer eso fue a través del discipulado. ¡Así que en cualquier cosa que Jesús hacía, lo que *siempre hacía después* era discipular a otros a hacer lo mismo! Y luego decía, "¡Ahora te toca a ti!"

Lo que me lleva a preguntar: ¿A quién estás discipulando?

Al igual que todas las cosas sanas se reproducen, los discípulos debieran reproducir más discípulos. El Padre espera que lo que Él ha invertido en ti será multiplicado, ¡y la buena noticia es que todos nosotros lo podemos hacer!

La mala noticia es que quizás no sabemos exactamente qué es eso.

Eso

Los eruditos estiman que hay solo de 8.000 a 9.000 diferentes palabras hebreas en el Antiguo Testamento. Compara eso a las 93.000 palabras en el idioma español, de las cuales se usan comúnmente un promedio de aproximadamente 1.800.[187] Por lo tanto, algunas palabras hebreas pueden ser amplias y genéricas en relación a la traducción precisa del español. Una porción de ellas puede contener varios significados y matices que solo se aclaran si sabemos el contexto en el que se dicen.

Esto es sin duda cierto del término hebreo para discípulo:

Talmid: Discípulo. Aprendiz. Estudiante. Alguien que aprende.[188]

Como verás, esta disparidad entre idiomas ha limitado nuestro entendimiento del método que Jesús creía llevaría a la venida del Reino. Durante el período del Segundo Templo en el que Él reclutó a Sus discípulos, habían dos etapas en seguir a un rabí. Aunque los discípulos pasaron por ambos, esto no se ve claramente en la traducción en español de nuestras Biblias. Además, nuestra religión cristiano-céntrica se enfoca casi exclusivamente en la primera etapa, raramente equipándonos para progresar a la segunda. ¡Sin embargo esta segunda etapa es la catalizadora para avanzar el Reino de Dios!

Entonces, ¿cuál es este proceso de dos etapas?

De acuerdo al historiador Ray Vander Laan, un rabí tenía dos clases de seguidores:

Estudiantes y *discípulos.*

Un estudiante buscaría a un rabí, escucharía su enseñanza, y decidiría cuáles instrucciones deseaba aplicar a su vida. Sin embargo, un discípulo se uniría al rabí en su trayectoria, aprendiendo a copiar sus acciones a fin de ser como él.

Un estudiante quería *saber* lo que el rabí *sabía*.

Pero un discípulo quería *hacer* lo que el rabí *hacía*.

A menudo, una etapa llevaba a la otra, como lo vemos ocurrir con los doce discípulos:

"Por aquel tiempo se fue Jesús a la montaña a orar y pasó toda la noche en oración a Dios. Al llegar la mañana, llamó a sus discípulos y escogió a doce de ellos, a los que nombró apóstoles . . ."[189]

Aunque nuestra traducción en español usa palabras diferentes, el proceso es claro; los doce fueron escogidos de un número más grande de estudiantes y se convirtieron en discípulos de Jesús. Saltaron de meramente creer en las palabras de Jesús a aprender de primera mano como hacer lo que Él hacía.

Las dos etapas del discipulado también se reflejan en los dos cristianismos.

Ser cristiano-céntrico es estudiar lo que hizo Jesús para seguir una vida piadosa y cosechar los beneficios. Ser Reino-céntrico es ir más allá de eso. Impulsado por un deseo de dar a Dios lo que Él quiere, es avanzar el Reino de Dios, de la manera de Dios, haciendo más discípulos.

Por lo tanto, nuestro discipulado gira sobre como seguimos a Dios:

Cristiano-céntrico: Como *estudiantes de* Jesús.

Reino-céntrico: Como *discipuladores por* Jesús.

Y entonces, aquí está mi décima pregunta incómoda para ti:

¿Qué clase de seguidor eres?

¿Estudias las palabras de Jesús para aplicarlas a tu vida? ¿O también para entrenar a otros a hacer lo mismo? ¿Tu meta para el discipulado es simplemente estar más 'cerca' al Padre, o es también acercar a otros a Él? Para elevar nuestro *kavanah*, debemos pasar tiempo en Su presencia, notando

Sus principios y prácticas del Reino, a fin de demostrarlos y pasarlos a otros. De esta manera, multiplicamos lo que Dios ha hecho en nosotros reclutando a otros a hacer lo mismo.

Antes de mirar más a fondo como cualquier seguidor de Jesús, anciano o joven, hombre o mujer, experimentado o inexperimentado, puede cumplir Su mandato, preguntemos primero: ¿Por qué nos quedaríamos en el primer paso?

Estudiante

Pregunta: *¿Cuándo el discipulado no es discipulado?*

Respuesta: *Cuando se trata solamente del discípulo.*

En el Cristianismo cristiano-céntrico, una religión fundamentalmente individualista, el discipulado se enfoca casi enteramente en moldear a individuos cristianos a conocer mejor a Dios. Esto ha creado una cultura que ha hecho el hacer discípulos de otros una mejora opcional para aquellos que están particularmente emocionados por su fe. Sin embargo, si piensas que el único propósito del discipulado es *tu* trayectoria hacia Dios, no has sabido la meta del plan original de Dios. Todo lo que Dios hace en nosotros debe fluir a través de nosotros a las vidas de otros.

En el libro acompañante, *The Kingdom Centric Church*, sugiero como líderes pueden crear una cultura de discipulado. Después de todo, una iglesia cristiano-céntrica nunca producirá cristiano Reino-céntricos. Sin embargo, en este capítulo, permíteme resaltar por que la mayoría de los seguidores de Jesús no están cumpliendo uno de los mandatos más importantes de Jesús.

Recientemente, el Grupo Barna hizo una encuesta a cristianos comprometidos para preguntar por qué tan pocos están intencionalmente discipulando a otros. Las tres principales respuestas que dieron son increíblemente reveladoras,[190] y la mayoría están basadas en ideas erróneas comunes. Voy a compartirlos en orden reverso, y al hacerlo, ¿te puedo animar a que te fijes para ver te relacionas a alguna de ellas?

En Tercer Lugar: *"Simplemente no se me ha ocurrido."*

Pero, ¿por qué se te ocurriría?

No es sorpresa que si el Evangelio que oíste fue 'Jesús vino a rescatarte,' en vez de 'Jesús vino a reclutarte,' el discipular a otros aparentaría ser un elemento agregado. Quizás hasta lo hayas relegado a la categoría de don ministerial. Yo he oído a gente realmente decir, "No estoy dotado para discipular a la gente," y "El discipulado no es mi llamado."

Pero el discipulado no es un don, ¡es la razón por la que se nos dan los dones!

Agregado a esta idea errónea es que muchos cristianos se sienten arrogantes simplemente al considerar discipular a otros. El espíritu de la época de nuestro mundo occidental moderno implica que el presentarnos como que sabemos más que otros es de alguna manera malo. Si el mundo, en vez de la Palabra, determina tu forma de pensar, puedes terminar creyendo que solo unos pocos escogidos pueden ser discipuladores. Me gustaría destruir esa noción para ti. Por favor date cuenta de que todo cristiano puede, y debiera, abrazar voluntariamente ambas partes del discipulado — ser discipulado y discipular a otros. De hecho, como verás, el discipulado es quizás uno de los actos más humildes que puede hacer un seguidor de Jesús, ¡porque hace que todo lo que haces se trate menos de ti y más de otros!

En Segundo Lugar: *"Nadie me lo ha sugerido o me lo ha pedido."*

¡Por favor no permitas que esto te pare!

La religión siempre ha creado una clase de dinámica de 'nosotros y ellos.' Tradicionalmente, el cristianismo ha enfatizado el clero y los laicos, a menudo usando como línea divisoria la educación. Sin embargo, Jesús descontó esto cuando escogió a Sus discípulos, aun recordándoles:

"No me escogieron ustedes a mí, sino que yo los escogí a ustedes . . ."[191]

Tomar un poco de tiempo para entender por que Jesús dijo esto puede animarte a ser un discipulador para Él. Entonces, permíteme proveer un poco de contexto y explicar como estudiantes se convertían en discipuladores.[192]

Paso 1: A los seis años, a los niños se les enseñaba el Torah, los primeros cinco libros de la Biblia, y lo memorizaban. Este primer nivel de educación se llamaba *Bet Sefer,* que significa 'La Casa del Libro.'

Paso 2: A los diez años, solo los mejores estudiantes entraban en *Bet Talmud*, 'La Casa del Aprendizaje.' Los que avanzaban a ese nivel comenzaban a memorizar el resto del Tanakh del Antiguo Testamento. Se esperaba que aprendieran lo que varios comentaristas habían enseñado acerca de estas escrituras y de donde había venido su autoridad para enseñar lo que enseñaban. Aquellos que no eran aceptados regresaban a sus hogares, a menudo a unirse al negocio de la familia.

Paso 3: Los mejores estudiantes solicitaban convertirse en un *talmid* después de la edad de catorce años. Este nivel se llama *Bet Midrash*, que significa 'Casa de Estudio.' Estos estudiantes buscarían una posición como discípulo acercándose a un rabí y preguntando si podían seguirlo. Si la respuesta era sí, ellos se hacían parte del séquito o *talmidim* del rabí.[193]

Pero los discípulos no se acercaron a Jesús; Él se acercó a ellos . . .

¿Por qué?

Porque Jesús estaba buscando algo en Sus discípulos que el proceso usual no parecía proveer. Cuando un estudiante se acercaba a un rabí, era aceptado si era un buen candidato académico. Para cumplir la habilidad primaria que buscaba la mayoría de los rabíes, preguntaban:

"¿Podrá este niño pasar a otro mi 'yugo'?"

Un yugo era la compilación de cosas que un rabí "ataba" (prohibía) o "desataba" (permitía), y el papel principal del discípulo era para esta enseñanza a otros. Esencialmente eran elegidos basado en si podían memorizar y repetir lo que el rabí decía. Al hacerles acordar a los discípulos que Él los había escogido, Jesús estaba señalando que Él quería más de ellos que simplemente academia, diciéndoles:

"*. . . los comisioné para que vayan y den fruto . . .*"[194]

Allí está de nuevo esa palabra . . . fruto.

Jesús creía que gente ordinaria podía discipular a otros si estaban dispuestos a servirle a Él y mostrarle a otros a hacer lo mismo. Estaba buscando exactamente lo opuesto a lo que veía en los líderes religiosos de la época:

"*Los escribas y los fariseos se han sentado en la cátedra de Moisés. De modo que hagan y observen todo lo que les digan; pero no hagan conforme a sus obras, porque ellos dicen y no hacen."*[195]

Él usa la frase *'se han sentado en la cátedra de Moisés'* para resaltar que estos líderes religiosos tenían la autoridad y las calificaciones para enseñar la ley de Dios,[196] pero señala que aunque hablaban bien no eran buenos hacedores. Y esto es sumamente importante, ¡porque Jesús entendía que la gente hará lo que nos vea hacer, no lo que nos oyen decir!

Es cierto que quizás nadie te ha sugerido que hagas discípulos, pero con la posible excepción de los que habían sido previamente discípulos de Juan, ¡nadie se lo había sugerido a los doce tampoco! Pero cuando Jesús los llamó, ellos respondieron. Así que ahora que Jesús te ha llamado, ¿harás lo mismo?

En Primer Lugar: *"No creo que estoy calificado o equipado."*

Bueno, está bien, es probablemente es cierto. Pero al mismo tiempo, tampoco lo estaba yo cuando comencé a discipular a las personas. Esto puede ser debido a que la mayoría de los líderes mismos de las iglesias se sienten equipados ya que pocos de nosotros fuimos discipulados en como hacer discípulos.

Se trata de un caso del ciego guiando al ciego.

Es importante notar que el discipulado es más que simplemente una educación. Las palabras son baratas. Son fáciles de oír y fáciles de pasar a otros. A menudo se le ha atribuido este dicho al teólogo suizo Karl Barth:

> "El Verbo se hizo carne, y luego a través de teólogos, se hizo verbo otra vez."

Este fue el problema que tuve hace muchos años cuando se me pidió que no entrenara a los jóvenes en el campo, sino que los trajera de vuelta al salón de clase. El sistema de operaciones del cual me había hecho parte chocaba con la metodología de Jesús que estaban intentando reproducir.

Me llevó a preguntar:

> "¿Por qué es que mientras Jesús llevó a la gente a una experiencia que llevó a una educación, nosotros educamos a la gente y esperamos que tengan una experiencia?"

El problema más grande que tengo cuando estoy entrenando a la gente a discipular a otros es nuestro instinto automático de simplemente enseñarle a la gente en vez de llevarlos en nuestra trayectoria y proveerles con un ejemplo. El discipulado es más que enseñarles a otros lo que sabes; es entrenarlo a hacer lo que tú haces. Desafortunadamente, decirle a otros lo que deben hacer es mucho más fácil que mostrarles, especialmente si nadie te ha mostrado a ti . . . o si tú mismo no lo estás haciendo.

Muchos de nuestros líderes de iglesias fueron educados en un colegio bíblico. Se sentaron en clases donde les enseñaron como educar a estudiantes pero no se les dió la experiencia que les mostró como ayudar a discípulos a ser discipuladores. No es culpa de nadie; es simplemente como es, pero ese ciclo debe ser quebrado. Un movimiento tiene que empezar en alguna parte; quizás puede comenzar contigo. Si es así, ¿qué te califica para discipular a otros?

Bueno, menos de lo que piensas.

Discipuladores

Pregunta: *¿Cuándo es el discipulado verdadero discipulado?*

Respuesta: *Cuando es limitado.*

El discipulado, bien hecho, requiere menos tiempo de lo que piensas. Desde que comencé a discipular a la gente, he tenido dos hijos y tres nietos, he comenzado una organización y un negocio, dirigido algunas iglesias, escrito múltiples libros, y en general me he divertido mucho. Eso es porque no he tenido que crear oportunidades para discipular a la gente; ¡solamente he tenido que incluirlo en lo que ya estaba haciendo! Sin embargo, esto requiere más altos niveles de *kavanah* porque tengo que tener suficiente *intención* en lo que hago para invitar a otros en mi trayecto y hacer un poco de espacio para educarlos por el camino.

Puedes desarrollar tu habilidad para el discipulado leyendo o mirando mi enseñanza práctica, *Talmidim: How to Disciple Anyone in Anything,*[197] pero todo lo que necesitas para comenzar es hacer tres preguntas simples:

¿Qué estoy haciendo para avanzar el Reino de Dios?

¿Cómo he aprendido a hacerlo?

¿A quién puedo llevar conmigo?

Si todos nosotros como cristiano adoptamos nuestro *'Qué,' 'Cómo,'* y *'Quién,'* y las iglesias nos entrenan intencionalmente para hacerlo, ¡cambiaremos el mundo!

Primero: *¿Cuál es tu 'qué'?*

"Por tanto vayan . . ."[198]

El problema es, ¿ir adónde? Puedes ir a muchos lugares, pero no puedes ir a todas partes y hacer todo. Yo aconsejaría preguntar:

"¿Qué estoy haciendo ahora que más avanza el Reino de Dios?"

Quizás está conectado con tu pasión o impulsado por una queja. Mi queja era que nuestras iglesias locales no estaban alcanzando a los jóvenes que desesperadamente necesitaban oír el Evangelio. ¿Quizás tu 'qué' es la oración de intercesión, la hospitalidad, la organización, el consuelo a otros, o algún otro acto de servicio?

Una vez que tienes esto en mente, hay algunas ideas erróneas de las que tienes que deshacerte, así que permíteme ofrecer el siguiente consejo:

No hay necesidad de discipular a nadie en todo.

Jesús no lo hizo.

Una idea errónea común es que solo cristianos muy maduros pueden discipular a otras personas. Y eso puede ser cierto si anhelas ser alguna clase de gurú espiritual. Sin embargo, solo tienes que estar un paso adelante en tu 'que' de aquellos a quienes estás discipulando. Jesús, por ejemplo, enfocó Su discipulado en lo que ya estaba haciendo: el trabajo de un apóstol, predicando, sanando, orando, y haciendo más discípulos. Él no entrenó a los doce en todo aspecto de la vida o la escritura. En vez, dejó muchas cosas para que el Espíritu Santo les enseñara más tarde.[199]

No es necesario disciplinar a alguien para siempre.

Jesús entrenó a Su doce discípulos por tres años; esa es la cantidad de tiempo que llevó prepararlos. Quizás tú solo lo tengas que hacer por tres semanas. Por otro lado, yo he estado discipulando a algunas personas por veinte años. Esencialmente, discipula a alguien hasta que ellos puedan hacer lo que le estás enseñando a hacer, sin ti.

No es necesario discipular a todos en la misma medida.

Jesús tenía diferentes niveles de relación intencional con aquellos a quienes enseñaba. Esta verdad ha sido notada aun entre los doce apóstoles. Tampoco tienes que discipular a las personas individualmente. Puedes hacerlo como un grupo, lo cual toma menos tiempo y es más efectivo a medida que los que discipulas comienzan a aprender los unos de los otros.

Es importante notar que no tienes que crear algo nuevo para discipular a alguien. ¡Simplemente inclúyelos en la cosa más efectiva que ya estás haciendo! Incluso, algunos eruditos dicen que una traducción más precisa de la palabra griega que se traduce 'vayan' es 'a medida que van.' Sea o no técnicamente correcto, ciertamente describe mejor como se logra mejor el discipulado: ¡a medida que haces lo que ya estás haciendo, haz discípulos!

Por supuesto, si no estás haciendo nada para avanzar el Reino de Dios, es mejor que te preocupes de eso primero. Quizás al usar este libro para llegar a ser más Reino-céntrico, una idea sería invitar a otros a hacer ese proceso contigo. Cualquiera que sea tu 'qué,' ¡no esperes mucho tiempo antes de invitar a otros en tu trayectoria!

Segundo: *¿Cuál es tu 'cómo'?*

"*. . . Enseñándoles a obedecer todo lo que les he mandado a ustedes.*"[200]

Una vez que reconoces tu 'qué,' haz una nota de tu 'cómo' — las prácticas y los principios espirituales que Dios te enseñó a medida que tú aprendiste a hacer lo que haces. No presumas que otras personas saben estas cosas. Toma el tiempo de anotarlas y ordenarlas para que alguien más las pueda entender.

Hazte la pregunta:

¿Cómo hago en la práctica lo que hago?

¿Cuáles son los principios del Reino que he aprendido en el camino?

¿Cómo puedo registrar estos principios y estas prácticas para que las pueda pasar a otros?

Cuando has pensado en estas cosas y las has puesto en orden, eso es suficiente para empezar. De nuevo: "¡Enseñar es aprender dos veces!" Discipular a otros te ayudará a refinar lo que enseñas a lo largo del tiempo, y navegar juntos resaltará los agujeros en tu propio entendimiento para que los llenes. ¡Aun los errores te ayudarán a mejorar en lo que ya estás haciendo!

Tercero: *¿Quién es tu 'quién'?*

" . . . *y hagan discípulos a todas las naciones . . .*"[201]

No juegues a Dios.

No busques a discípulos escogiendo de antemano a los que tú piensas van a estar interesados. Puedes limitar las opciones porque consciente o subconscientemente rechazarás a ciertas personas, pensando, "O, ellos no estarán interesados" o "yo no estoy interesado en ellos." Solo mantiene tu mente abierta a las posibilidades. Yo hasta he tenido la oportunidad de discipular a aquellos que no eran aún cristianos porque estaban acercándose e interesados en hacer lo que yo hago. Enseñarles mi 'cómo' me permitió compartir mi fe con ellos. Así que, ofrécete a cualquiera compartiendo lo que haces y lo que Dios te ha enseñado. Házlo en cualquier situación apropiada y, si es posible, pide a tus líderes que te den oportunidades. No te desanimes si inicialmente nadie responde; continúa ofreciendo, y eventualmente alguien aceptará.

Hay, sin embargo, algunas advertencias, y aquí están mis sugerencias para asegurar que los que responden son personas a las que deberías discipular:

Deben estar dispuestos y capaces de participar en lo que haces.

Tú debes creer que ellos pueden llegar a hacer lo que tú haces.

Tú debes creer que están dispuestos a comprometerse con el proceso.

Te animo a que te encuentres con la persona que decides discipular a fin de marcar tus expectativas de ellos, tales como qué tan a menudo necesitan participar contigo en lo que estás haciendo, y lo que necesitan preparar de antemano. ¡Aunque esto parece un poco formal, vale la pena hacerlo para darle a Dios lo que Él quiere!

Lo que comenzó cuando yo me convertí en cristiano a los 13 años, pudo haber llegado a nada si los jóvenes que alquilaron una carpa no hubieran provisto una manera para que yo recibiera discipulado. Dudo que sabían que al entrenar a un escolar menos que mediocre, alcanzarían indirectamente a millones más alrededor del mundo. Pero esa es la belleza del discipulado; se trata menos de lo que nosotros hacemos y más de lo que Él puede hacer con ello. En 1988, el alcance escolar era mi 'que.' Me enfoqué en mejorar mis habilidades para la comunicación y visité regularmente 17 escuelas, conectándome con 10.000 estudiantes al año. Gradualmente aprendí 'como' hacerlo bien. Sin embargo, como una persona, tenía un impacto mínimo. Así que, en 1992, Lynn y yo comenzamos a buscar a 'quien' podíamos discipular para hacer lo que nosotros hacíamos. Avancemos 30 años, y el número de los alcanzados por los que han sido discipulados no puede ser contado, y los jóvenes que hemos integrado en comunidades de fe se han multiplicado exponencialmente.

Sin embargo esto se convirtió en una realidad porque, cuando inicialmente compartí mi visión, mi pastor me equipó para hacer el trabajo que Dios me había llamado a hacer.

Mi vida gira alrededor del discipulado, y espero que la manera en que he escrito este libro resalte eso. Si no eres un predicador, quizás no hayas notado que puse cada capítulo en un órden particular: Una introducción al tema, una explicación del giro, luego tres puntos para evitar ser cristiano-céntrico, y tres para ser más Reino-céntrico (a los predicadores les encantan los tres puntos). De esta manera, espero hacer fácil que todo líder cristiano pueda no solo absorberlo ellos mismos, sino también poder compartir lo que he escrito.

¿Por qué?

Porque el discipulado nos ayuda a hacer todo menos acerca de *nuestro ministerio* y más acerca de edificar una cultura para avanzar *Su misión*.

Así que, si este libro te ha inspirado y ayudado, oro que no solo te embarques en el viaje a ser más Reino-céntrico, ¡sino que me sobrepases o ofrezcas nuevos entendimientos!

En resumen, imagínate si todos fuéramos discipulados para hacer discípulos. El Reino crecería dentro y a través de nosotros — ¡y el mundo se convertiría en un lugar muy diferente! Dios sería glorificado y, más importantemente, Él recibiría lo que Él quiere. ¡Pero eso solo ocurrirá cuando nosotros como seguidores corramos con los sueños y visiones que Él ha puesto en nuestros corazones, y cuando nuestros líderes nos equipen para las obras de servicio preparadas de antemano para que hagamos!

Esto me motiva a comenzar otra conversación incómoda... Una que requiere otro libro... Una que hace la pregunta:

¿Cómo se vería una iglesia Reino-céntrica? . . .

Resumen

Nuestro discipulado gira sobre cómo seguimos:

- Cristiano-céntrico: Como *estudiantes de* Jesús.
- Reino-céntrico: Como *discipuladores por* Jesús.

Para ser más Reino-céntricos, avanzamos el Reino de Dios, a la manera de Dios, haciendo más discípulos. La meta de nuestro discipulado no es solo avanzar el Reino de Dios más exitosamente dentro y a través de nosotros sino también entrenar a otros a hacer lo mismo. Por lo tanto, elevamos nuestro *kavanah* demostrando lo que Dios nos ha enseñado y luego pasando a otros los principios y las prácticas que hemos aprendido.

Comenzamos haciendo la pregunta: ¿Cuál de las dos clases de seguidores soy you?

Reflexión

Considera lo siguiente:

- ¿He pensado en discipular a otros?
- ¿Estoy esperando que alguien me lo sugiera y me lo pida?
- ¿Pienso que no estoy calificado o equipado?

Respuesta

Descarga la guía en kingdom-centric.com para:

- Descubrir tu 'que'.
- Tomar nota de tu 'como'.
- Reclutar tu 'quien'.

Explora recursos adicionales:

- Libro: *Talmidim: How to Disciple Anyone in Anything*
- Video: Canal YouTube Pais Movement, *Kingdom-Centric Series*
- Vea Próximos Pasos para Líderes en las páginas siguientes.

Gracias por tomar el tiempo de leer este libro. Si has encontrado estimulante y de ayuda el contenido, por favor deja un comentario en GoodReads, Amazon, o tu plataforma preferida para animar a otros hacia ser más Reino-céntricos. Juntos, podemos Replantear el Cristianismo. ¡Dios te bendiga!

Próximos Pasos para Líderes

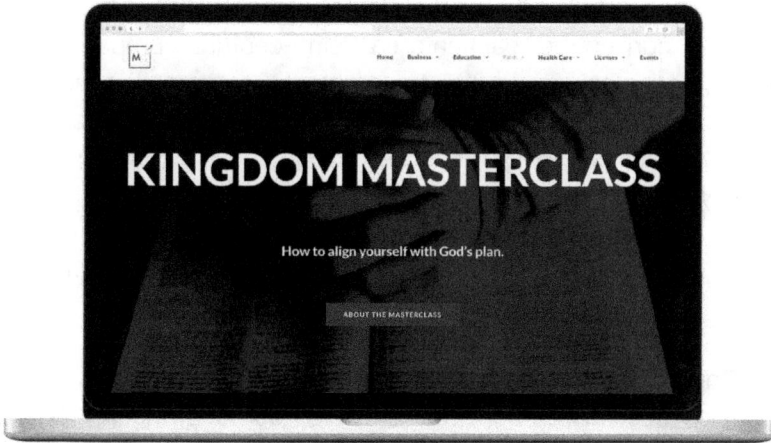

La Clase Magistral Kingdom-Centric.

Reserva una Clase Magistral para tu evento de entrenamiento, conferencia, retiro, o amalgámalo con un servicio de domingo en la iglesia. La Clase Magistral es un entrenamiento interactivo que provee patrones creativos, conocimiento bíblico, y aplicación práctica en un ambiente de aprendizaje divertido.

El programa consiste de dos cursos complementarios diseñados para replantear estructuras tanto personales como de la iglesia:

- **Los Participantes ganan:** Un entendimiento del Reino de Dios. Un conocimiento de principios y prácticas del Reino. Una visión para su papel en el Reino de Dios.
- **El Contenido incluye:** Una herramienta digital para asesorar una mentalidad Reino-céntrica. Una perspectiva bíblica del Reino. Un desafío a buscar primero el Reino de Dios.

Acceda a nuestra plataforma en línea intuitiva para una fácil evaluación. Beneficie de nuestras diapositivas, apuntes, videos, y sesiones de consulta comprensivas adaptadas a sus necesidades.

El Proyecto Reino-Céntrico.

¿Está su iglesia lista para embarcarse en una trayectoria transformadora hacia convertirse realmente en Reino-céntrica? Empodere a su congregación a través de nuestro programa comprensivo adaptado para tanto congregaciones como líderes. Participe de talleres prácticos y sesiones de consulta. Beneficie de continuo apoyo al navegar hacia la Reino-centricidad.

El programa consiste de dos cursos complementarios diseñados para replantear estructuras tanto personales como de la iglesia:

- **Congregación:** Participe de una serie de 10 temas transformativos que cubren aspectos cruciales como Evangelio, Oración, Discipulado, y más.
- **Líderes:** Sumérjase en 10 patrones esenciales para edificar una iglesia Reino-céntrica, facilitado a través de talleres y sesiones de consulta

Acceda a nuestra plataforma en línea intuitiva para una fácil evaluación. Beneficie de nuestras diapositivas, apuntes, videos, y sesiones de consulta comprensivas adaptadas a sus necesidades.

Notas Finales

1. Mateo 6:33

2. Strausberg, Michael, y Mark Q. Gardiner, eds, "Definición", en el *The Oxford Handbook of the Study of Religion* (Oxford: Oxford University Press, 2017), 9-32.

3. Mateo 23

4. Mateo 5:17

5. Filipenses 2:12b-13

6. Juan 4:23

7. Juan 14:6

8. Juan 3:16

9. Mateo 6:31-33

10. Yo desempaco esto en mi libro *Kingdom Principles: Developing Godly Character*

11. Para más detalles sobre cómo los paganos consultaban a un oráculo lea *The Kingdom Principles: Developing Godly Character*

12. Filipenses 2:21

13. Juan 15:7

14. 1 Timoteo 2:3-4

15. Strong H8666. NB: *teshuvot* es el plural de *teshuva*. La palabra también se usa para indicar una respuesta o responder.

16. Lamentaciones 5:21 RVR1960

17. Mateo 12:43-45

18. Rochel Chein estudió en Jerusalén y vive en Nueva York donde escribe para Chabad.org.

19. Hay un ejemplo de esta conexión en Kiddushin 66b donde el judío Gemara comenta sobre Números 25:12

20. Cornelius Plantinga, *Not the Way It's Supposed to Be* (Grand Rapids, MI: Eerdmans, 1999), 10.

21. Isaías 14:12-15

22. Strong's G758 - archōn.

23. 1 Juan 3:8b

24. Juan 12:31

25. Lucas 10:9; 17:20-2.

26. Lucas 17:20-2. Mateo 12:28; 25:34.

27. Lucas 22:18. Mateo 6:9-10; 25:31-34.

28. Mateo 6:33 (Nueva Traducción Viviente).

29. Lucas 10:8-9

30. Mateo 13:1-23

31. Gamaliel el Mayor fue un prominente rabino y maestro judío al quien se refiere en Hechos y quien se piensa nació en 10 AC.

32. Filón de Alejandría vivió entre los años 20 AC y 50 AD. Fue un filósofo judío que vivió en Alejandría, Egipto.

33. En el primer año de nuestro matrimonio, nos mudamos a Harpurhey, RU, y luego al lado a Moston donde ocurrieron estos eventos. Para entender mejor lee Manchester Evening News. "Harpurhey, the worst place in England." February 19, 2007. https://www.manchestereveningnews.co.uk/news/greater-manchester-news/harpurhey-the-worst-place-in-england-1108111?utm_source=linkCopy&utm_medium=social&utm_campaign=sharebar.

34. Wikipedia Contributors. "Murder of Suzanne Capper." Wikipedia, last modified January 23, 2024, https://en.wikipedia.org/wiki/Murder_of_Suzanne_Capper.

35. Manchester Evening News. "Harpurhey, the worst place in England." February 19, 2007. https://www.manchestereveningnews.co.uk/news/greater-manchester-news/harpurhey-the-worst-place-in-england-1108111?utm_source=linkCopy&utm_medium=social&utm_campaign=sharebar.

36. Mateo 12:45

37. Mateo 6:33 (el énfasis es mío)

38. The Hacienda era una discoteca en Manchester RU, y su historia se relata en el libro *The Hacienda: How Not to Run a Club by Peter Hook*.

39. David Flusser y Steven Notley. *The Sage from Galilee: Rediscovering Jesus' Genius*, 4ta ed. (Grand Rapids, MI: Eerdmans, 2007).

40. Job 4:7: "Ponte a pensar: ¿Quién que sea inocente ha perecido? ¿Cuándo se ha destruido a la gente intachable?"

41. Salmo 73:12-14. Jeremías 12:1. Habacuc 1:13. Malaquías 3:15.

42. Strong's G1343

43. NB: Descargué una copia en audio de la serie "Hablando con Dios" del Rabino David Bendory, pero el sitio web con este recurso ha sido borrado.

44. Como el idioma común en el día de Jesús era el Arameo, es importante notar que la forma específica de la pregunta ha evolucionado desde ese tiempo; sin embargo, la pregunta acerca de *kavanah* ciertamente existía en la tradición judía de Su época.

45. Pinchas Giller. *Shalom Shar'abi and the Kabbalists of Beit El*, primera ed. (Oxford University Press, 2008), 20.

46. Lucas 22:19-20

47. El rabino David Bendory enseñó esto en su podcast, que ha sido borrado.

48. 1 Samuel 13:14. Hechos 13:22.

49. 2 Samuel 11-12

50. Salmo 51:10-12

51. Es interesante notar que la palabra hebrea para 'ungido,' *Mâshîyach* (Strong's H4899), conecta la unción con alguien consagrado y puesto en línea con los propósitos de Dios. Usado 39 veces, a menudo en conexión con el Mesías, la palabra se refiere directamente a Él dos veces.

52. 1 Juan 5:14

53. Santiago 5:16b

54. Marcos 7:9-13 (El texto alterado del Corbán del NVI a la forma judía más común de escribirlo *korban*)

55. Strong's G2878

56. Tal como dar ofrendas de alimentos a Dios durante un festival cuando ellos mismos lo consumían.

57. Rabino Eliyahu Dresler. Michtav Me'Eluyahu (Nueva York, NY: Feldheim Publishers, 2004) 3:66.

58. 1 Corintios 10:23

59. Esto también se debe a su mala interpretación de escrituras como Malaquías 3:2-3a - "Pero ¿quién podrá soportar el día de su venida? ¿Quién podrá mantenerse de pie cuando él aparezca? Porque será como fuego de fundidor o jabón de lavandero Se sentará como fundidor y purificador de plata; purificará a los levitas y los refinará como se refina el oro y la plata."

60. Mateo 15:8-9

61. Mateo 23:25-28

62. Mateo 23:2-3a

63. Mateo 23:3b-4

64. Filipenses 2:12c-13

65. Mateo 5:27-28

66. Hebreos 5:12-13

67. Hebreos 5:14

68. Juan 1:1

69. Molly McBride Jacobson. "Robert the Bruce's Heart." Atlas Obscura, February 16, 2017, https://www.atlasobscura.com/places/robert-the-bruces-heart.

70. Fue representado en una columna de nube guiando a los israelitas. Su presencia en la nube llevó a sus enemigos a la confusión. Apareció en su gloria en una nube. Habló con Moisés en una densa nube. Su presencia apareció como una nube encima del tabernáculo. Envolvió a la gente como una nube en la transfiguración de Jesús. Llegará en una nube en su segunda venida. Se sentará sobre una nube en el momento del juicio. Éxodo 13:21; Éxodo 14:24; Éxodo 16:10; Éxodo 19:9; Números 9:15; Mateo 17:5; Mateo 24:30; Apocalipsis 14:14

71. Hebreos 5:11

72. Hebreos 5:14.

73. Timoteo 3:16

74. Mateo 5:29

75. Mateo 5:30

76. Atribuido a William Carey a través de múltiples fuentes. Carey fue un misionero cristiano inglés que fundó el Serampore College y el Serampore University. Es visto como el padre de las misiones modernas.

77. Juan 14:6

78. Hebreos 5:12

79. Strong's G4747

80. El libro, *Haverim: How to Study Anything with Anyone* by Paul Clayton Gibbs, puede hallarse en Amazon.com y otras librerías. El modelo y más recursos pueden hallarse en HaverimDevotions.com

81. Hebreos 10:24,25b

82. Strong's G1485

83. Justin Nortey y Michael Rotolo. "How the Pandemic Has Affected Attendance at U.S. Religious Services." Pew Research Center, Marzo 28, 2023. https://www.pewresearch.org/religion/2023/03/28/how-the-pandemic-has-affected-attendance-at-u-s-religious-services/#:~:text=One%2Din%2Dfive%20U.S.%20adults,often%20than%20before%20COVID%2D19.

84. Why Millenials Aren't Watching Your Streamed Worship Services," Grupo Barna, Octubre 5, 2022, https://www.barna.com/research/millennials-arent-watching/.

85. Strong's G3948

86. Hechos 15:39a

87. Juan 13:35

88. 1 Juan 4:20

89. Mateo 25:37-40

90. Santiago 1:27

91. Mateo 6:14-15

92. Colosenses 1:24b

93. 1 Corintios 14:26

94. El Príncipe William asistió allí del 2001 al 2005 donde recibió una licenciatura en Geografía mientras vivía en el dormitorio de St. Salvator. La esposa del Príncipe William, Catherine Middleton, también asistió allí, y los dos se conocieron mientras eran estudiantes allí. Otros incluyen a la Princesa Eugenie y Zara Tindall.

95. Colosenses 3:16

96. Earl Jabay, Kingdom of Self, 1ra ed. (Lancaster, PA: Logos Associates, 1980).

97. Efesios 5:19

98. 1 Corintios 15:42-44. 2 Corintios 5:1-4. Filipenses 3:20-21.

99. 1 Corintios 2:9. Juan 14:2-3.

100. Salmo 67:1-2. Génesis 12:2-3.

101. Mateo 17:20

102. Santiago 5:16b

103. Lucas 11:1b

104. Lucas 11:1c

105. Muchos libros desempacan el *Amidah*, pero puede hallarse un resumen en Wikipedia.

106. Mateo 6:10. En Lucas se nos dice la razón por la cual Jesús le dio esta oración a sus discípulos, y en Mateo se registra la versión completa. Es posible que Jesús compartió esta oración en ocasiones separadas con variaciones.

107. David Bivin y Roy Blizzard Jr., *Understanding the Difficult Words of Jesus: New Insights From a Hebrew Perspective* (Shippensburg, PA: Destiny Image Publishers, 2001), David Bivin fue el co-fundador de The Jerusalem Perspective y el fundador de las Escuela Jerusalém de Estudio Sinóptico.

108. Matthew 9:38

109. Liana Miate, "Fates," World History Encyclopedia, Diciembre 16, 2022, www.worldhistory.org/Fates/#google_vignette.

110. Romanos 10:17

111. Hebreos 11:6

112. Las Nornas son entidades femeninas en la mitología nórdica que tienen un papel significativo en determinar el destino y la fatalidad de tanto dioses como mortales. A menudo son descritos como tejedores de destino. Para más información vea www.britannica.com/topic/Norn.

113. El Diccionario Bokmal referido en el comentario de Wikipedia sobre la etimología antigua nórdica.

114. Proverbios 13:12a

115. Proverbios 4:23

116. John Kass, "Walk on Water" Plan is Too True to Be Ignored." Chicago Tribune. Actualizado Agosto 10, 2021, http://www.chicagotribune.com/1990/02/08/walk-on-water-plan-is-too-true-to-be-ignored/.

117. 2 Timoteo 4:3-4

118. Efesios 6:12

119. 1 Juan 5:14-15

120. Génesis 15:6

121. Romanos 2:2

122. Inicialmente fue descubierto y documentado en la última parte del siglo 19 por neurocientíficos tales como Santiago Ramón y Cajal y William James. El trabajo de Ramón y Cajal en la última parte del siglo 19 y los comienzos del siglo 20 contribuyeron a nuestro entendimiento. Eric Kandel, James Schwartz, y Thomas Jessell, *Principles of Neural Science*, 4ta ed. (Nueva York, NY: McGraw Hill Medical, 2000).

123. Filipenses 3:17

124. Strong's G5179

125. Mateo 6:10

126. Informes de los periódicos *The Sun* y *The London Evening Standard* se muestran en un clip documental hallado en YouTube. Puedes mirar el milagro en YouTube buscando 'Jean Neal Healing.'

127. Marcos 8:12

128. Joel 2:28-29

129. Mateo 4:19

130. Jonás 3:1-2

131. Éxodo 3:7-8

132. Génesis 12:1-2

133. *Lekh lekha* son la quinta y sexta palabra en el *parashah* que cubren Génesis 12:1-17:27. Una

"Parashat" es una lectura semanal del Torah y con otros *"parashot,"* aseguran que todo el Torah se cubra en el curso de un año.

134. Keren Pryor, *A Taste of Torah* (Marshfield, MO: First Fruits of Zion, 2016). Vea también Batya Ellinoy. "Go Forth." Jewish Boston, Noviembre 6, 2019, https://www.jewishboston.com/read/go-forth/.

135. Génesis 17:4-5

136. Hechos 9:3b-4

137. De acuerdo al Grupo Barna, solo el 6% de cristianos aceptaron a Jesús después de la edad de 18 años, la Sociedad Bíblica Internacional dice que el 84% se convirtió entre las edades de 4-14.

138. Mateo 26:39

139. 2 Corintios 11:23b-25

140. Mateo 5:41

141. Algunos de sus libros más notables incluyen: *The Pursuit of God, The Knowledge of the Holy,* y *The Attributes of God.*

142. A.W. Tozer, *The Knowledge of the Holy* (Nueva York: HarperCollins Publishers, 1978), 1.

143. 1 Corintios 1:27a

144. Juan 1:42

145. Éxodo 3:2

146. Éxodo 3:9-10

147. Éxodo 32:31-32

148. Eclesiastés 3:11b-c

149. Proverbios 13:12a

150. "The Future of World Religions: Population Growth Projections 2010-2050," Pew Research Center, abril 2, 2015, http://pewresearch.org/religion/2015/04/02/religious-projections-2015-2050/.

151. 2 Corintios 4:4

152. Mateo 16:18b

153. 2 Timoteo 4:2

154. Filósofos existenciales como Jean-Paul Sartre y Martin Heidegger enfatizaron la idea de que los humanos deberían enfocarse en ser en vez de hacer. Las enseñanzas budistas animan a los individuos a cultivar un estado de ser en vez de ser consumidos por actividad constante. Pensadores trascendentales como Ralph Emerson Waldo y Henry David Thoreau promovieron ideas similares.

155. Efesios 2:10

156. Strong's G2041

157. Lucas 3:8. Mateo 25:14-30. Proverbios 13:4. Salmos 1:1-3.

158. Mateo 21:43

159. El autor no se refiere al movimiento hasídico moderno sino a la gente que son anteriores a ellos y al tiempo de Jesús en la tierra.

160. Lois Tverberg, *Walking in the Dust of Rabbi Jesus: How the Jewish Words of Jesus Can Change Your Life* (Grand Rapids, MI: Zondervan, 2012).

161. Marcos 9: 38-41

162. Mateo 5:46-48

163. Mateo 6:33

164. Este material está contenido tanto en un libro que puede encontrarse en amazon.com como en una serie de videos que se encuentra en el sitio web mypais.com.

165. Mateo 6:25a

166. Strong's G3309. Derivado de la palabra raíz *meris* (μέρις), que significa "una parte" o "una porción," e infiere la idea de estar dividido o distraído en los pensamientos o preocupaciones propias.

167. El concepto de la disonancia cognitiva fue introducido por Festinger en su libro de 1957 titulado *A Theory of Cognitive Dissonance*. Esta obra fundamental delinea la teoría y explora la incomodidad psicológica que emana cuando una persona sostiene dos o más creencias, valores, o actitudes contradictorias simultáneamente.

168. Mateo 6:24

169. Declaración de Independencia de los Estados Unidos. Adoptada por el Congreso Continental el 4 de julio de 1776.

170. Nehemías 8:10

171. Santiago 1:8

172. Salmo 51:12 RVA-2015

173. Filipenses 4:11b

174. Mateo 6:2

175. Leen Ritmeyer, "The Treasury of the Temple in Jerusalem," Ritmeyer Archaeological Design, actualizado el 15 de mayo, 2015, http://ritmeyer.com/2015/05/15/the-treasury-of-the-temple-in-jerusalem/.

176. Hechos 5:1-2

177. Hechos 5:3, 4b-5a

178. Lucas 21:1-4

179. Éxodo 30:11-16. 2 Crónicas 24:6-9

180. Deuteronomio 17:17

181. 2 Samuel 24:24

182. Mateo 19:16-22

183. Basado en Malaquías 3:10.

184. 2 Corintios 9:7

185. Fundador y Director Global del Movimiento Pais, www.pais.life.

186. Mateo 28:19-20a

187. Según elespañol.com. Note que este número crece constantemente.

188. Una amalgamación del artículo "Rabbi and Talmidim" por Ray Vander Laan hallado en el sitio web ThatTheWorldMayKnow.com. Referirse también a Strong, H8527.

189. Lucas 6:12-13

190. 'U.S. Christians on barriers to making disciples.' U.S. Christian adults who are not disciple-makers, 22 de diciembre, 2022 - 18 de enero, 202. Grupo Barna 2022

191. Juan 15:16a

192. NB: Encontré varias versiones de este proceso en mis estudios en cuanto al período del Segundo Templo. Sin embargo, al final, aunque pueden intercambiarse los términos entre ellos, todos llevan a la misma conclusión. Por lo tanto he delineado un compuesto de lo que descubrí que refleja las descripciones más comunes sobre el tema.

193. *Talmidim* es el plural de *talmid*.

194. Juan 15:16a

195. Mateo 23:2-3

196. En la tradición judía, los maestros de la ley ocupaban una posición de autoridad similar a la de Moisés, quien recibió la Ley de Dios y la entregó al pueblo de Israel. Al decir que los maestros de la ley estaban sentados en la cátedra de Moisés, Jesús afirmaba su posición oficial como intérpretes de la Ley.

197. Este material está contenido tanto en un libro que puede encontrarse en amazon.com como en una serie de videos que se encuentra en mypais.com.

198. Mateo 28:19a

199. John 14:26: "Pero el Consolador, el Espíritu Santo, a quien el Padre enviará en mi nombre, les enseñará todas las cosas y les hará recordar todo lo que he dicho."

200. Mateo 28:20a

201. Mateo 28:19a

Acerca del autor

Paul Clayton Gibbs es el creador del Shapes Test y de la evaluación Kingdom-Centric. Él y su esposa, The Foxy Lynn, tienen dos hijos adultos y son orgullosos abuelos de dos hermosas niñas y un apuesto niño. Originalmente de Manchester, Inglaterra, la familia Gibbs se mudó a los EE. UU. en 2005.

Como fundador de The Pais Movement, una organización basada en la fe que crea simetría práctica entre organizaciones, Paul busca ayudar a las personas a elevar su *kavanah* al vivir un estilo de vida misional para avanzar el Reino de Dios. Paul ha escrito varios libros y pasa una cantidad significativa de tiempo viajando por todo el mundo, hablando en conferencias, empresas, iglesias y actuando como consultor para diversas redes. Sus temas principales son el desarrollo de liderazgo, la tutoría y la vida misional. Es el CEO de Masterclass Suites, LLC, y también el creador de varias 'plantillas' de capacitación diseñadas para "movilizar a las multitudes, no solo a unos pocos".

A Paul le gusta nadar, navegar, hacer bodyboard, esquiar, hacer snowboard, montar en bicicleta de montaña y es fanático de toda la vida del Manchester United.

instagram paulcgibbs
facebook paulclaytongibbs

▷pais®

Paul Clayton Gibbs, junto con su esposa Lynn, fundó Pais. Más de 30 años después, Pais ofrece tres programas que te invitan a vivir una vida en misión. Pais equipa a cristianos para avanzar el reino de Dios con nuevos conceptos, herramientas y plantillas.

Aprendizaje:
Sé discipulado y discipula a otros. Únete a un equipo.

¡Ve a la misión!

Academia:
Moviliza a los jóvenes.
¡Usa nuestro programa!

Aliados:
Equipa a tu iglesia.
¡Empodera a tu gente!

Visita pais.life para mayor información.

www.ingramcontent.com/pod-product-compliance
Lightning Source LLC
LaVergne TN
LVHW052027080426
835513LV00018B/2205